R 35927

Paris
1838

Fichte, Johann Gottlieb

*De la destination du savant et de l'homme
de lettres*

DE LA
DESTINATION
DU SAVANT
ET DE L'HOMME DE LETTRES.

PAR

J. G. FICHTE,

Traduit de l'allemand

PAR M. NICOLAS,

Professeur de philosophie à la Faculté de Théologie
de Montauban

—— ◦ ——

Paris,
LIBRAIRIE DE LADRANGE,
QUAI DES AUGUSTINS, 19
1838.

R

DE LA

DESTINATION

DU SAVANT

ET DE L'HOMME DE LETTRES.

PARIS. — IMPRIMERIE DE BOURGOGNE ET MARTINET,
rue Jacob, 30.

DE LA

DESTINATION

DU SAVANT

ET DE L'HOMME DE LETTRES,

PAR

J. G. FICHTE,

Traduit de l'allemand

PAR M. NICOLAS,

Professeur de philosophie à la Faculté de Théologie
de Montauban.

———— ·•◦•· ————

Paris,

LIBRAIRIE DE LADRANGE,

QUAI DES AUGUSTINS, 19.

1838.

NOTICE SUR FICHTE.

L'écrit dont nous donnons la traduction a pour auteur l'homme à l'âme la mieux trempée et la plus noble qu'aient connue les âges modernes. Quand il ne restera plus du système de Fichte que l'influence que doit nécessairement avoir l'œuvre du génie sur le développement de la pensée, et la mention qu'en fera l'histoire des opinions humaines, il restera encore une profonde admiration pour ce caractère ferme et énergique, qui ne recula devant aucune conséquence, combattit toujours pour la liberté de la pensée, et ne se proposa jamais pour but que l'amélioration de la race humaine, pour laquelle il professait une haute estime et avait un grand amour. L'ouvrage suivant ne fera pas seulement connaître des pensées élevées, mais encore un grand homme, un véritable homme de bien.

Ce n'est pas ici le lieu d'exposer les doctrines philosophiques de Fichte ; cette exposition serait mieux placée en tête d'un de ses ouvrages systématiques et didactiques; mais il ne sera peut-être pas déplacé de donner quelques détails biographiques sur l'auteur de la *Destination du Savant.*

Fichte naquit à Rammenau, village entre Bischofswerda et Pulsnitz, dans la Haute-Lusace, le 19 mai 1762. L'esprit de méditation et de contemplation se manifesta de bonne heure en lui; souvent il passait des journées entières dans la campagne, portant au loin un regard immobile, et semblant attendre d'y voir apparaître le génie de la nature.

Doué d'une grande mémoire, il lui arriva quelquefois de réciter avec chaleur le sermon qu'avait prêché, le dimanche, le pasteur de son village. Il n'avait que neuf ans, quand le baron de Miltitz, frappé de sa facilité à retenir et de sa vivacité à reproduire ce qu'il avait entendu, se chargea, du consentement de ses parents, de son éducation, qu'il confia d'abord au pasteur de Niederau, près de Meissen, où il l'envoya ensuite, et plus tard à Schulpforta.

L'amour de la liberté, qui l'attacha par la suite à la révolution française, tant qu'elle ne voulut se fonder que sur des principes philosophiques et non sur des cadavres et des échafauds, qui plus tard encore lui inspira ses magnifiques discours à la nation allemande,) lui fit concevoir dans ses jeunes années le singulier projet de s'éloigner des hommes, de chercher une île lointaine, et d'y vivre, nouveau Robinson, indépendant et heureux. Dans l'école de Schulpforta on employait les moyens de rigueur pour faire avancer les élèves; Fichte fut indigné de se voir traiter en esclave, il voulait être libre, et un jour il quitta son école et partit. Il était déjà en route quand le souvenir de ses parents, qu'il ne reverrait peut-être plus, le ramena et le fit renoncer à l'exécution de son dessein.

En 1780, Fichte, âgé de dix-huit ans, fréquenta les cours de théologie à l'université de Iéna. Depuis 1784 jusqu'en 1791, il fut obligé pour vivre d'exercer les pénibles fonctions de précepteur dans diverses maisons. C'est vers cette époque qu'il écrivit son *Essai d'une critique de toutes les révélations.* Désireux de connaître Kant, dont il avait étudié avec soin les écrits, il part pour Kœnigsberg, et au lieu de lettres de recommandation, il lui présente sa Critique de toutes les révélations. Quand cet ouvrage parut, on l'attribua généralement à Kant. Cela seul suffit pour en faire comprendre le mérite. L'attention qu'il excita lui valut la place de professeur de philosophie à l'Université de Iéna, que Reinhold quittait pour celle de Kiel.

L'existence matérielle de Fichte, qui avait été assez précaire jusque là, fut dès lors assurée; mais s'il n'eut plus à lutter avec le besoin, il lui fallut soutenir une lutte non moins pénible pour propager et défendre ses idées. Il commença ses cours à Pâques, en 1794. Bientôt, ayant entrepris de donner le dimanche des leçons pour l'amélioration morale des étudiants, il fut soupçonné et accusé de vouloir ruiner le culte public. Ce fut par suite de cette tracasserie qu'il publia pour se défendre les cinq leçons sur la *Destination du savant*, dont nous donnons la traduction.

Une nouvelle tracasserie le força de quitter Iéna. En 1791, il avait entrepris, de concert avec Niethammer, la publication d'un journal de philosophie. En 1798, un de leurs collaborateurs, le recteur Forberg de Saalfeld, désira y faire insérer un article sur *la Détermination de*

l'idée de la religion. Fichte, qui lui avait con-
seillé de ne pas le faire paraître, consentit cependant sur ses instances à le publier ; mais, pour
en expliquer et en adoucir quelques idées, il le
fit précéder d'une introduction, *Sur la base de
notre croyance en une Providence*.

Malgré ces précautions on accusa et l'article
et l'introduction de prêcher l'athéisme. L'élec-
teur de Saxe confisqua le journal, et demanda
au gouvernement de Weimar la punition des
rédacteurs. Fichte en appela au public, donna
sa démission de professeur à Iéna et se retira
en Pruss , où on le reçut à bras ouverts : il sut
ainsi sacrifier sa fortune et sa position à la liberté de a pensée.

De ce moment commence une nouvelle période
dans sa vie. Les revers qu'éprouvaient les armes
allemandes, en rendant les esprits plus sérieux,
les firent tourner vers la religion. Fichte parti-
cipa à ce mouvement, et sa pensée se porta
davantage sur les sujets religieux. A cette période
appartiennent ses écrits sur la philosophie
religieuse, sa *Destination de l'homme*, et ses *Discours à la nation allemande*, qu'il appelait à la
défense du pays et de la liberté. Recommandé
au chancelier d'État Hardenberg par M. d'Al-
tenstein, qui assistait souvent à ses leçons, il
fut nommé professeur à Erlangen, et ensuite à

Berlin, quand on y organisa une université.

Depuis 1812 il porta toute son énergie vers la politique; il aida de ses discours et de son bras le soulèvement général de l'Allemagne contre Napoléon. En 1814, il périt victime de la fièvre nerveuse qui ravageait les armées.

Ses écrits sont nombreux; les principaux mériteraient d'être connus en France; puisse cette traduction de la *Destination du savant* donner au public penseur le désir de s'initier à la doctrine d'un philosophe qui a joué un grand rôle, et qui a contribué à développer l'idéalisme transcendental dont Kant avait posé les inébranlables bases!

ICOLAS.

PREMIÈRE LEÇON.

PREMIÈRE LEÇON.

DESTINATION DE L'HOMME CONSIDÉRÉ EN LUI-MÊME.

Mon dessein, dans les leçons que je commence, vous est connu. Je voudrais répondre, ou plutôt je voudrais, messieurs, vous amener à répondre aux questions suivantes : Quelle est la destination du savant ? Dans quels rapports est-il avec le reste de l'humanité et avec les diverses classes qui la composent ? Par quel moyen peut-il le mieux atteindre sa haute destination ?

Le savant n'est savant qu'autant qu'il est opposé à d'autres hommes qui ne le sont pas ;

on se fait une idée de ce qu'il est en le comparant à la société ; et, par le mot société, il ne faut pas entendre seulement l'État, mais en général toute agrégation d'hommes raisonnables, vivant ensemble dans l'espace, et se trouvant dans des rapports mutuels.

On ne peut assigner une destination au savant, qu'en tant qu'il est dans la société ; par conséquent, pour répondre à la question : Quelle est la destination du savant ? il faut d'abord résoudre celle-ci : Quelle est la destination de l'homme dans la société ?

Mais celle-ci en suppose encore une autre : Quelle est la destination de l'homme en soi, c'est-à-dire de l'homme considéré comme homme, et d'après l'idée qu'on peut s'en faire en l'isolant, et en le plaçant en dehors de tout rapport qui n'est pas compris nécessairement dans l'idée d'homme ?

Je puis vous dire maintenant, sans chercher à le prouver (c'est déjà fait, sans doute depuis long-temps pour plusieurs d'entre vous, et d'autres le sentent vaguement, mais non moins fortement), que toute philosophie, toute pensée, toute doctrine humaines, que tout ce que je vous exposerai, que toutes nos études ne peuvent avoir d'autre but que de résoudre les questions que nous avons posées, et particulièrement la dernière : Quelle est la destination de l'homme en général, et par quel moyen peut-il le plus sûrement la remplir?

La philosophie, et surtout une philosophie profonde, n'est pas nécessaire pour donner le sentiment de cette destination, mais elle l'est pour en donner une idée claire et complète. Cette destination de l'homme considéré en lui-même formera le sujet de la leçon d'aujourd'hui. Vous comprenez, messieurs, que je ne puis en une heure déduire amplement de principes ce que j'ai à vous dire sur ce sujet, à moins de vouloir dans une heure traiter toute la philosophie; mais je puis partir de votre sentiment. Vous comprenez en même temps que la question qui fait le sujet de ces leçons : Quelle est la destination du savant, ou, ce qui revient au même, comme on le fera voir en son lieu : Quelle est la destination de l'homme véritablement homme et le plus élevé de tous, — est la dernière question de toute recherche philosophique, tout comme celle qui a pour but d'établir quelle est la destination de l'homme en général, et que je ne puis traiter aujourd'hui que très brièvement, en est la première.

Si nous considérons maintenant cette question : Que serait ce qu'il y a de proprement

spirituel dans l'homme, le Moi pur, considéré en soi, isolé et sans rapport avec quelque chose d'extérieur? nous trouverons que, prise à la lettre, elle renferme une contradiction. Il n'est pas vrai sans doute que le Moi pur soit un produit du Non-moi (c'est ainsi que j'appelle tout ce qui se trouve en dehors du moi, qui en est distinct, qui lui est opposé); il n'est pas vrai, dis-je, que le Moi pur soit un produit du Non-moi; une telle proposition énoncerait un matérialisme transcendental, tout-à-fait contraire à la raison; mais il est très vrai, ce qui sera prouvé plus tard, que le Moi n'a et ne peut avoir conscience de lui-même que dans ses déterminations empiriques, et que ces déterminations empiriques supposent nécessairement quelque chose en dehors du Moi. Déjà le corps de l'homme, qu'il nomme *son* corps, est quelque chose en dehors du Moi; sans cette union il ne serait pas même un homme, mais quelque chose que nous ne pouvons pas concevoir; si l'on peut toutefois appeler *quelque chose* ce qui n'est pas même un être de raison. Considérer l'homme en soi et isolé ne veut donc pas dire le considérer comme Moi pur, sans aucun rapport avec quelque chose d'extérieur à son Moi pur, mais seulement le considérer en dehors de ses rapports avec les êtres doués de raison, ses semblables.

Dans ce sens, quelle est sa destination? D'après l'idée que nous nous faisons de lui, qu'a-t-il, comme homme, qui n'appartienne pas à ce qui n'est pas homme? Par quoi se distingue-t-il de tout ce que nous ne désignons pas du nom d'homme au milieu des êtres que nous connaissons?

Je suis obligé de partir de quelque chose de positif, et comme je ne puis partir de ce qui est absolument positif, c'est-à-dire de cette proposition : Je suis; il faut, en attendant, que je pose, comme hypothèse, une proposition qui se trouve gravée d'une manière ineffaçable dans le sentiment humain qui est le résultat de toute la philosophie, et qui puisse se prouver rigoureusement; ce que je ferai plus tard. Cette proposition est celle-ci : L'homme, aussi certainement qu'il est un être raisonnable, a en lui-même sa propre fin, c'est-à-dire qu'il n'existe pas pour servir à quelque autre chose, mais qu'il est parce qu'il doit être; son existence seule est la dernière fin de son existence; ou, ce qui est la même chose, on ne peut sans contradiction donner un but à son existence : il existe pour exister. Ce caractère de l'existence absolue, de l'existence pour elle-même, est le caractère et la destination de l'homme, en tant qu'il est considéré seulement comme être raisonnable.

Mais l'homme ne possède pas seulement l'existence absolue, il la possède sous certaines déterminations diverses; il n'est pas simplement, mais il est aussi quelque chose; il ne dit pas seulement : Je suis; mais il ajoute : Je suis ceci ou cela. En tant qu'il est en général, il est un être raisonnable; mais qu'est-il en tant qu'il est quelque chose? Il faut résoudre cette question.

L'homme n'est pas *tel qu'il est* parce qu'*il est*, mais parce qu'il y a *quelque chose en dehors de lui*. La conscience empirique du moi, c'est-à-dire la conscience que nous sommes déterminés de quelque manière, n'est possible que sous la supposition d'un Non-moi, comme nous l'avons déjà dit, et comme nous le prouverons ailleurs. Ce Non-moi doit agir sur sa réceptivité, que nous nommons sensibilité; donc, en tant que l'homme est quelque chose de déterminé, il est un être sensible. D'après ce que nous avons déjà dit, il est un être raisonnable, et sa raison n'est pas détruite par la sensibilité; l'une et l'autre doivent co-exister en lui. La proposition précédente : L'homme est parce qu'il est, doit donc se changer en celle-ci : *L'homme doit être ce qu'il est, seulement parce qu'il est*; c'est-à-dire que tout ce qu'il est doit être rapporté à son Moi pur, à son seul Moi; il doit être tout ce qu'il est, seulement parce qu'il est un Moi; et il ne doit pas être en général ce qu'il ne peut pas être, parce qu'il est un Moi. Cette formule, obscure jusqu'ici, va devenir claire.

Le Moi pur ne peut être représenté que négativement, comme le contraire du Non-moi, dont le caractère est la variété; par conséquent il ne peut être représenté que comme l'unité absolue; il est toujours un, il est toujours le même, il n'est jamais un autre. La formule précédente peut s'exprimer ainsi : L'homme doit toujours être un avec lui-même; il ne doit jamais être en contradiction avec lui-même. — Le Moi pur ne peut jamais être en contradiction avec lui-même, puisqu'il n'y a pas en lui de pluralité, et qu'il est toujours un ; mais le Moi empirique, déterminé et déterminable par les choses extérieures, peut être en contradiction avec lui-même; et chaque fois qu'il en est ainsi, on a une marque certaine qu'il n'est pas déterminé d'après la forme du Moi pur et par lui seul, mais par les choses extérieures. Il ne doit pas en être ainsi, car l'homme est sa propre fin ; il doit se déterminer lui-même, et jamais se lais-

ser déterminer par quelque chose d'extérieur ;
il doit être ce qu'il est, parce qu'il veut l'être et
parce qu'il doit le vouloir. Le Moi empirique
doit donc être déterminé comme il pourrait
l'être éternellement. Je pourrais donc (ce que
je dis en passant est pour me faire mieux comprendre) formuler de la manière suivante le
principe de la morale : Agis de manière que tu
puisses te donner pour loi éternelle les maximes
de ta volonté. —

La dernière destination de tous les êtres finis
est donc une unité absolue, une constante identité, une complète harmonie avec soi-même.
Cette identité absolue est la forme du Moi pur,
sa seule véritable forme; ou plutôt l'idée de
l'identité fait *reconnaître* l'expression de cette
forme. La destination qu'on peut concevoir
éternelle est celle qui est d'accord avec la
forme pure du Moi. — Qu'on ne prenne pas ceci
à demi ou sous une seule face. Ce n'est pas la
volonté seule qui doit être en harmonie avec
elle-même, il n'est question de la volonté que
dans la morale; ce sont toutes les facultés de
l'homme, qui, en soi, ne font qu'une seule faculté, lesquelles ne se différencient qu'en s'appliquant à divers objets, et qui doivent se résoudre en une entière identité et s'accorder entre
elles.

Mais les déterminations empiriques de notre Moi ne dépendent pas de nous, du moins en grande partie, mais de choses qui ne sont pas nous. Il est vrai que la volonté dans sa sphère, c'est-à-dire dans l'étendue des objets auxquels elle peut se rapporter, quand ils sont connus à l'homme, est libre, comme il sera prouvé en son temps : mais le sentiment et la représentation qui précèdent ne sont pas libres ; ils dépendent de choses extérieures, dont le caractère n'est pas l'identité, mais la diversité. Comme cependant, sous ce rapport, le Moi doit aussi toujours être en harmonie avec lui-même, il doit immédiatement tendre à agir sur les choses mêmes desquelles dépendent le sentiment et la représentation ; l'homme doit chercher à les modifier et à les mettre en harmonie avec la forme pure de son Moi, pour que leur représentation, qui dépend de leurs qualités, s'accorde avec cette forme. — Cette modification que doivent subir les choses pour devenir telles qu'elles doivent être d'après les idées que nous nous en faisons nécessairement, n'est pas possible par la volonté seule ; elle demande encore une certaine habileté, qui s'acquiert et se développe par l'usage.

Ensuite, ce qui est encore plus important, notre Moi empiriquement déterminable, prend

par l'influence des choses sur lui, — influence
que nous ne pouvons empêcher, et à laquelle
nous nous abandonnons tant que notre raison
n'est pas encore éveillée, — certains plis qui,
produits par les choses extérieures, ne peuvent
s'accorder avec la forme de notre Moi pur. Pour
les détruire et reprendre sa forme pure et première, la volonté seule ne suffit pas non plus;
nous avons encore besoin d'une habileté, qui
s'acquiert et se développe par l'usage.

L'acquisition de cette habileté, destinée en
partie à comprimer et à détruire les fausses incli-
nations qu'a prises notre Moi avant le réveil de la
raison et du sentiment, en partie à modifier les
choses extérieures et à les façonner sur nos
idées; l'acquisition de cette habileté, dis-je,
s'appelle *culture*, mot qui sert également à dé-
signer le degré d'habileté acquise. La culture
ne diffère d'elle - même qu'en degrés, mais
elle en comporte une infinité. Elle est le plus
haut et le dernier moyen qui soit au pouvoir de l'homme pour arriver à sa fin, la
complète harmonie avec lui-même, s'il est considéré comme créature raisonnable morale; elle
est même sa dernière fin, s'il est considéré seulement comme créature sensible. La sensibilité
doit être cultivée; c'est là le plus noble but
qu'on puisse se proposer en ce qui la concerne.

De ce que nous avons dit il suit, en dernier
résultat, que la parfaite harmonie de l'homme
avec lui-même, et (pour qu'il puisse être d'accord
avec lui-même) l'harmonie des choses extérieures
avec les idées nécessaires et pratiques qu'il s'en
fait, idées qui déterminent comment ces choses
doivent être, sont sa plus haute et sa dernière
fin. Cette harmonie, en général, est (suivant
la terminologie de la philosophie critique) ce
que Kant appelle le *souverain bien*; lequel,
comme on le voit d'après ce qui précède, n'est
pas composé de deux parties, mais est tout-à-
fait simple : c'est le *parfait accord d'un être raisonnable avec lui-même.* Par rapport à un être
raisonnable, qui dépend des choses extérieures,
ce souverain bien doit se considérer sous deux
faces, comme accord de la *volonté* avec l'idée
d'une volonté éternellement agissante ou comme
bien moral, et comme accord des *choses extérieures* avec notre volonté (il s'agit de notre
volonté raisonnable), ou comme *bonheur*. Et,
pour le dire en passant, il n'est donc pas vrai
que l'homme soit porté au bien moral par son
désir de bonheur; mais ce qui est vrai, c'est que
l'idée de bonheur et le désir qu'on en éprouve
ne ressortent que de la nature morale de
l'homme. Ce n'est pas *ce qui rend heureux qui
est bon*, mais c'est *ce qui est bon qui rend heu-*

reux : sans moralité point de félicité. On peut, il est vrai, avoir des sensations *agréables* sans elle et même en opposition avec elle, et nous verrons pourquoi; mais ces sensations ne sont pas la félicité; elles lui sont souvent opposées.

Se soumettre tout ce qui n'est pas raisonnable, le dominer librement et d'après ses propres lois, c'est la dernière fin de l'homme; fin qui ne peut et ne doit pas pouvoir s'atteindre, si l'homme ne doit pas cesser d'être homme, et s'il ne doit pas devenir Dieu. Suivant l'idée qu'on se fait de l'homme, il ne peut pas atteindre sa dernière fin, et le chemin qui y mène doit être infini.

Par conséquent la destination de l'homme n'est pas d'atteindre le but; mais il peut et il doit s'en approcher toujours de plus en plus; la véritable destination de l'homme, considéré comme être raisonnable mais fini, sensible mais libre, consiste donc à *s'en approcher à l'infini.* — Si l'on appelle cette entière harmonie avec soi-même perfection, dans la plus haute signification du mot, comme on peut certainement le faire, alors la *perfection* est le but suprême de l'homme, mais ce but est impossible à atteindre, et le *perfectionnement infini* est sa destination. Il existe, pour se rendre toujours moralement meilleur, et pour rendre tout ce qui l'entoure

meilleur *sensiblement*; et, s'il est considéré en
société, pour la rendre meilleure *moralement*,
et par là devenir plus heureux.

Telle est la vocation de l'homme, en tant qu'il
est considéré isolément, c'est-à-dire en dehors
de tout rapport avec les êtres doués de raison, ses
semblables. — Mais nous ne sommes pas isolés,
et quoique je ne puisse aujourd'hui considérer
l'union générale des êtres raisonnables, je vais
cependant jeter avec vous un regard sur cette
union. Cette vocation élevée, que je vous ai
esquissée aujourd'hui, c'est celle que je voudrais vous faire bien comprendre, que je dé-
sirerais vous donner pour but certain et
pour guide constant de toute votre vie, à vous
jeunes gens d'espérance, qui êtes destinés à
agir puissamment à votre tour sur l'humanité,
dans un cercle ou plus large ou plus restreint,
par vos doctrines ou par vos actions, ou par les
unes et les autres à la fois; à répandre plus loin
la culture que vous avez reçue, et à faire mon-
ter par votre éducation notre race humaine à
un degré encore plus élevé; à vous, jeunes gens,
par lesquels je forme bien probablement des
millions d'hommes qui sont encore à naître. Si
quelques uns de vous ont assez bonne opinion de
moi pour croire que mon but suprême dans mes
méditations et mes doctrines est de contribuer

à l'avancement de l'éducation et à l'exaltation de l'humanité en vous, et en tous ceux qui auront avec vous quelques rapports, et que je tiens pour nulle toute philosophie, toute science qui ne tend pas à ce but; si vous me jugez ainsi, j'ose le dire, vous pensez bien de ma volonté; et si mes forces ne répondent pas à mes vœux, cela ne dépend pas tout-à-fait de moi, mais en partie de circonstances qu'il n'est pas en notre puissance de maîtriser; en partie aussi de vous, messieurs, de votre attention que je réclame; de votre travail particulier sur lequel je compte avec assurance, de votre confiance, que je vous demande et que je chercherai à mériter par mes actions.

DEUXIÈME LEÇON.

DEUXIÈME LEÇON.

DE LA DESTINATION DE L'HOMME EN SOCIÉTÉ.

———

Il est une foule de questions que la philosophie doit résoudre avant de pouvoir devenir
science et doctrine de la science; questions
qu'oublient les dogmatiques qui décident tout,
et que le sceptique se hasarde seulement à indiquer, au risque d'être accusé de déraison
ou de méchanceté, ou de l'une et de l'autre à
la fois.

Comme je ne veux pas être superficiel ni
traiter légèrement un sujet sur lequel je crois
savoir quelque chose de plus fondamental que ce

qu'on en dit d'ordinaire, et que je n'ai pas dessein de déguiser ou de passer sous silence des difficultés que je connais bien, je suis malheureusement obligé, dans ces leçons, de ne faire qu'effleurer plusieurs de ces questions presque toujours négligées, sans pouvoir les épuiser entièrement; et, au risque d'être mal compris, de ne donner que des *aperçus* que des *sommaires* de doctrines plus étendues, quand je voudrais pouvoir traiter la chose à fond. Si je pensais qu'il y eût parmi vous, messieurs, beaucoup de ces philosophes populaires qui, sans travail et sans beaucoup de méditation, résolvent facilement toutes les difficultés au moyen de ce qu'ils appellent la saine raison, ce ne serait pas sans un grand découragement que je monterais dans cette chaire.

Parmi ces questions il en est deux qu'il est nécessaire de résoudre avant de pouvoir établir un droit naturel. Voici la première : De quel droit l'homme appelle-t-il une certaine partie du monde des corps *son* corps? Comment arrive-t-il à considérer ce sien corps comme appartenant à son Moi, quand il lui est précisément opposé? Voici la seconde : Comment l'homme arrive-t-il à reconnaître et à admettre au dehors des êtres raisonnables, semblables à lui, quand de tels êtres ne sont pas immédiatement donnés dans la conscience pure du Moi?

J'ai à établir aujourd'hui la destination de l'homme dans la société, et la solution de ce point suppose qu'on a déjà répondu à la dernière question. — J'appelle société le rapport des êtres raisonnables entre eux. On ne peut avoir l'idée de société sans supposer qu'il y a réellement des êtres raisonnables en dehors de nous, et sans avoir des marques caractéristiques qui puissent nous les faire distinguer de tous les autres êtres qui ne sont pas raisonnables, et qui par conséquent n'appartiennent pas à la société. Comment arrivons-nous à cette supposition, et quels sont ces caractères? telles sont les questions auxquelles il faut d'abord répondre.

L'expérience nous a appris qu'il y a en dehors de nous des êtres raisonnables, pourrions-nous répondre à ceux qui ne sont pas habitués à la rigueur des recherches philosophiques; mais cette réponse serait insuffisante, ce ne serait pas répondre à *notre* question, mais à une autre toute différente. L'expérience sur laquelle on s'appuierait est aussi reconnue par les égoïstes, qui ne se trouvent cependant pas entièrement réfutés par là. L'expérience nous apprend seulement que dans notre conscience empirique nous avons *la représentation* d'êtres raisonnables en dehors de nous, et là-dessus il n'y a pas de contestation ; jamais égoïste ne l'a nié. La question est de savoir si à cette représentation répond quelque chose *en dehors d'elle*, s'il y a quelque chose indépendant de notre représentation, et si, même quand nous ne nous les représentons pas, il y a des êtres raisonnables en dehors de nous ; et là-dessus l'expérience ne peut rien nous apprendre, aussi certainement qu'elle est expérience, c'est-à-dire le système de nos représentations.

L'expérience peut tout au plus nous apprendre qu'il y a des effets semblables aux effets produits par des causes raisonnables ; mais elle ne peut jamais nous apprendre que leurs causes ressemblent réellement à des êtres raisonnables, car l'expérience ne peut porter sur un être en soi.

C'est nous-mêmes qui introduisons dans l'expérience un tel être ; c'est nous qui expliquons les expériences par l'existence d'êtres raisonnables extérieurs à nous. Mais *de quel droit* nous expliquons-nous ainsi ? Avant d'user de ce *droit*, il faudrait l'établir, puisque c'est là toute la question ; sans cela, nous n'aurions donc pas avancé d'un pas, et nous serions encore ramenés à la question posée plus **haut :**

Comment arrivons-nous à admettre et à reconnaître des êtres raisonnables en dehors de nous?

Le terrain théorique de la philosophie est incontestablement épuisé par les profondes recherches des critiques; toutes les questions non résolues jusqu'à ce jour doivent l'être par des principes pratiques. Cependant, comme c'est ici une allégation purement historique, il faut chercher si les questions que nous posons ne peuvent pas être réellement résolues par des principes de cette nature.

L'instinct le plus élevé dans l'homme est, d'après notre précédente leçon, le penchant à l'identité, à la parfaite harmonie avec lui-même, afin qu'il puisse toujours être en harmonie avec lui-même, quand tout ce qui est en dehors de lui est en harmonie avec l'idée qu'il s'en fait nécessairement. Non seulement *rien* ne doit *contredire* son idée, et il ne doit pas lui être indifférent qu'il existe ou non un objet qui *corresponde* à cette idée; mais encore il doit exister réellement quelque chose qui y corresponde. A toutes les idées qui se trouvent dans son Moi, doit être donnée dans le Non-moi une expression, une image : ainsi le veut cet instinct.

Dans l'idée d'homme est ainsi donnée l'idée de raison, d'action raisonnable et de pensée;

et il veut nécessairement, non seulement réaliser en lui-même cette idée, mais encore la voir réalisée en dehors de lui. Il est dans ses besoins qu'il y ait en dehors de lui des créatures raisonnables qui lui ressemblent.

Il ne peut produire de tels êtres ; mais il pose leur idée pour base de son observation du Nonmoi, et il s'attend à trouver quelque chose qui y corresponde.

Le caractère de rationalité qui s'offre le premier, mais qui n'est que négatif, consiste à agir d'après des notions et des fins. Ce qui a pour caractère de tendre vers un but, peut avoir un auteur raisonnable; mais ce à quoi la notion de finalité n'est pas applicable, n'est certainement pas dû à un agent raisonnable. Cependant ce caractère est équivoque; l'accord du divers avec l'unité est le caractère de la tendance vers un but; mais il y a plusieurs espèces d'accords semblables qui peuvent s'expliquer par des lois de la nature, non pas, il est vrai, par des lois *mécaniques*, mais par des lois *organiques*: nous avons donc besoin d'un autre caractère pour pouvoir conclure avec certitude d'un fait d'expérience à une cause raisonnable. — Là où elle tend à un but, la nature agit d'après des *lois nécessaires*; la raison agit toujours *librement*. Par conséquent l'accord du divers avec l'unité, qui serait produit librement, serait le caractère sûr et infaillible de rationalité dans le phénomène. On se demande seulement : Comment peut-on, dans le champ de l'expérience, reconnaître un effet produit librement?

Je ne puis pas en général avoir immédiatement conscience d'une liberté en dehors de moi; je ne puis pas même avoir conscience d'une liberté en moi, ou de ma propre liberté, car la liberté en soi est la dernière raison de toute conscience, et ne peut par conséquent entrer dans le domaine de la conscience. Mais je puis sentir que dans une certaine détermination de mon Moi empirique par ma volonté, je n'ai conscience d'aucune autre cause que de cette volonté même; et cette non-conscience d'une cause étrangère, on pourrait la nommer aussi une conscience de la liberté, si l'on s'expliquait auparavant; ici nous la nommerons ainsi. *Dans ce sens* on peut avoir conscience d'une action produite par la liberté.

Si par *notre* action libre, dont nous avons conscience dans le sens indiqué, la manière d'agir de l'être qui nous est donnée dans le phénomène, est changée de telle sorte que cette manière d'agir ne puisse plus s'expliquer par *la* loi d'après laquelle elle se dirigeait auparavant, mais seulement parce que *nous* avons posé pour

fondement de notre *libre* action, et qui est opposée à la précédente, nous ne pouvons expliquer ce changement de détermination qu'en
supposant que la cause de cet effet est raisonnable et libre. De là dérive ce qu'on peut appeler,
suivant la terminologie de Kant, un *commerce
d'après des idées*, une communauté ayant un
but; et c'est là ce que j'appelle *société*. Maintenant l'idée de société est entièrement déterminée.

Il est dans les instincts fondamentaux de
l'homme de pouvoir admettre en dehors de lui
des êtres raisonnables qui lui ressemblent,
mais il ne peut le faire que sous la condition
qu'il vive avec eux en société, en prenant ce mot
dans le sens que nous venons de déterminer.
— L'instinct social appartient par conséquent
aux instincts fondamentaux de l'homme.
L'homme est *destiné* à vivre en société, il *doit*
vivre ainsi; il n'est pas un homme complet, et il
est en contradiction avec lui-même, s'il vit isolé.

Vous voyez, messieurs, combien il est important de ne pas confondre la société en général
avec l'espèce de société conditionnelle et empirique qu'on appelle l'État. Nous n'avons pas
pour fins absolues de vivre dans l'État; ce qu'a
dit aussi un grand homme; mais, sous certaines
conditions, la vie des hommes dans l'État rem-

place le *moyen* à trouver *pour fonder une société parfaite*. L'État, comme tous les autres établissements humains qui ne sont que des moyens, tend à s'anéantir lui-même; *le but de tout gouvernement est de rendre le gouvernement superflu.* Ce moment n'est certainement pas encore arrivé, et je ne sais combien de myriades d'années pourront s'écouler encore avant qu'il arrive (il n'est donc pas question ici en général d'une application dans la vie, mais seulement de la justification d'une proposition spéculative). Ce moment n'est donc pas arrivé; mais il est certain que dans la carrière que doit parcourir la race humaine, carrière dont on peut, *à priori*, se faire une image, se trouve un point où tous les rapports de l'État deviendront superflus : c'est le point où, au lieu de la force ou de la ruse, la raison seule sera universellement reconnue. Nous disons *reconnue*, car même alors les hommes pourront se tromper et par erreur blesser leurs semblables; mais tous devront avoir la bonne volonté de se laisser convaincre de leur erreur, et, dès qu'ils en seront convaincus, de revenir et de réparer leur tort. — Tant que ce point n'est pas atteint, nous ne sommes pas encore en général vraiment hommes.

D'après ce que nous avons dit, la société a pour caractère positif d'être un *commerce* entre

les hommes *fondé sur la liberté.*—Ce commerce
est le but même ; il a lieu *seulement et absolument pour avoir lieu.* — Mais prétendre que la
société est son propre but, ce n'est pas nier que
l'action de l'homme ne puisse encore avoir une
loi particulière qui lui donne un but plus déterminé.

L'instinct fondamental nous poussait à trouver des êtres raisonnables qui nous ressemblent
ou des *hommes.* — L'idée de l'homme est une
notion idéale, puisque le but de l'homme, en
tant qu'homme, ne peut être atteint. Chaque
individu a en général son idéal particulier, et ces
idéaux ne diffèrent pas en qualité, mais en degrés. Chacun, d'après son idéal propre, examine
celui qu'il reconnaît pour un homme : chacun,
par suite de son instinct, désire trouver chaque
individu semblable à cet idéal ; il l'observe sous
toutes les faces, et s'il le trouve *au-dessous* de
cet idéal, il cherche à l'élever jusque là. Dans
cette lutte des esprits, celui-là triomphe toujours, qui est le plus élevé et le meilleur. Ainsi
s'accomplit par la société le *perfectionnement
de l'espèce ;* et en cela nous trouvons aussi la
destination de la société. S'il semble que l'homme
le plus élevé et le meilleur n'ait aucune influence
sur ceux qui sont au-dessous de lui et manquent
de culture, c'est une erreur qui provient en

partie de notre jugement, lequel souvent attend des fruits avant que la semence ait germé et pu se développer; en partie de ce que le meilleur est peut-être de trop de degrés supérieur à celui qui n'a pas de culture, pour avoir avec lui beaucoup de points de contact, et de ce qu'ils agissent trop peu l'un sur l'autre, circonstance que la culture fait disparaître d'une manière incroyable, et dont nous montrerons en son lieu le correctif. Mais en somme, le meilleur est certainement le vainqueur; et c'est là ce qui doit consoler l'ami de l'humanité et de la vérité, qui est spectateur de la lutte entre les lumières et l'ignorance. Les lumières remportent certainement enfin la victoire; on ne peut en déterminer l'époque, mais on a un gage de la victoire et d'une prochaine victoire, en ce que l'ignorance est forcée d'en venir à un combat public : elle aime l'obscurité, elle est déjà perdue quand elle est forcée de paraître au grand jour.

Tel est donc le résultat de l'étude que nous avons faite jusqu'ici : l'homme est fait pour la société. Parmi les aptitudes diverses que, d'après sa destination, telle que nous l'avons déterminée dans la leçon précédente, il doit perfectionner, se trouve la *sociabilité*.

Cette destination à la société en général, qui, bien qu'elle parte de ce qu'il y a de plus intime et de plus pur dans l'être humain, n'est cependant qu'un penchant, est subordonnée à la loi suprême de l'accord constant avec nous-mêmes ou à la loi morale; et c'est par cette loi morale qu'elle doit être déterminée plus complétement et soumise à une règle fixe : en trouvant cette règle, nous trouvons la *destination de l'homme dans la société ;* ce qui est le but que nous nous sommes proposé dans cette leçon.

D'abord par cette loi de l'harmonie absolue le penchant social est déterminé *négativement ;* il ne doit jamais se contredire. Ce penchant porte toujours sur un *commerce*, sur un rapport *réciproque*, sur l'acte de donner et de recevoir *mutuellement*, sur une action et une réaction, et non sur une simple causalité, sur une simple activité d'un homme sur un autre, qui ne ferait que supporter l'action. Ce penchant tend à trouver hors de nous des êtres *libres*, *raisonnables*, et à se mettre en rapport avec eux; il ne tend pas à une *subordination* comme dans le monde des corps, mais à une *coordination.* Si l'on ne veut pas que les êtres raisonnables qu'on cherche au dehors soient libres, on compte peut-être seulement sur leur habileté théorique, et non sur leur rationabilité libre et pratique; on ne veut pas entrer en société avec eux, mais les *dominer*, comme des animaux plus habiles, et alors on se met en contradiction avec l'instinct social. — Que dis-je? on se met en contradiction avec soi-même; on n'a pas même cet instinct élevé; l'humanité ne s'est pas encore formée en nous jusque là; nous sommes encore au plus bas degré d'une demi-humanité, au degré de l'esclavage; nous ne sommes pas encore assez mûrs pour avoir le sentiment de notre liberté, de ce qui est nous-mêmes, car autrement nous devrions nécessairement désirer voir autour de nous des êtres qui nous ressemblent, c'est-à-dire qui soient libres; nous sommes esclaves et nous voulons rester esclaves. Rousseau dit : Tel se tient pour le maître des autres, qui est encore plus esclave qu'eux. Il aurait pu dire avec plus de raison encore : Quiconque se regarde comme le maître des autres est lui-même un esclave. S'il ne l'est pas réellement, il a cependant à coup sûr une âme d'esclave, et il rampera bassement devant le premier homme plus fort qui le soumettra. Celui-là seul est libre qui veut rendre libre tout ce qui l'entoure, et qui le rend réellement libre par une certaine influence dont on n'a pas toujours remarqué la cause. Sous ses yeux nous respirons plus librement; nous ne sommes oppressés, retenus, gênés par quoi que ce soit; nous sentons une joie

inaccoutumée à être et à faire tout ce que ne
nous défend pas l'estime de nous-mêmes.

L'homme peut se servir des choses privées
de raison comme de moyens pour atteindre
son but, mais jamais des êtres raisonnables;
il ne doit pas même s'en servir comme de
moyens pour leur faire atteindre leur propre
but; il ne doit jamais agir sur eux comme sur
une matière inanimée, ou comme sur l'animal,
de manière à ce qu'il atteigne son but par leur
moyen, sans avoir tenu compte de leur liberté.
Il ne peut pas rendre un être raisonnable vertueux, ou sage, ou heureux contre sa propre
volonté; sans compter que ce serait peine perdue, et que personne ne peut devenir vertueux, ou sage, ou heureux que par ses propres
efforts; il ne doit pas le vouloir, quand même
il le pourrait ou croirait le pouvoir, car c'est
injuste, et il se met par là en contradiction
avec lui-même.

Par la loi d'une complète harmonie formelle
avec soi-même, l'instinct social est aussi déterminé *positivement*, et nous pouvons apprendre
ainsi quelle est proprement la destination de
l'homme dans la société. Tous les individus qui
appartiennent au genre humain sont différents
entre eux : il est un seul point en quoi ils
s'accordent entièrement, c'est leur but final, la

perfection. La perfection n'est déterminée que d'une manière, elle est toujours entièrement égale à elle-même. Si tous les hommes pouvaient être parfaits, s'ils pouvaient tous atteindre leur but final et suprême, ils seraient tous absolument égaux, ils ne seraient qu'un, un unique sujet. Maintenant, chacun dans la société tend à rendre les autres plus parfaits, du moins d'après ses idées, à les élever jusqu'à l'idéal qu'il s'est fait de l'homme. Par conséquent le but final et suprême de la société est d'amener à une entière unité tous ses membres possibles. Mais, comme ce but ne peut être atteint qu'au moment que la destination de l'homme est généralement remplie, que la perfection absolue est réalisée, on ne peut pas plus arriver à l'un qu'à l'autre ; on ne peut pas y arriver si l'homme ne doit pas cesser d'être homme et ne pas être dieu. L'entière unité de tous les individus est donc bien à la vérité le *but dernier*, mais non la *destination* de l'homme dans la société.

Mais approcher, et approcher à l'infini de ce but, c'est là ce qu'il peut et ce qu'il doit faire. S'approcher de cette entière unité, de cette parfaite harmonie avec tous les individus, c'est ce que nous pouvons appeler s'unir avec eux. Par conséquent la véritable destination de l'homme

en société est de former avec les autres hommes
une union qui, par son intimité, soit toujours
plus étroite, par son étendue toujours plus
large : mais cette union n'est possible que par
le perfectionnement, puisque les hommes ne
sont unis et ne peuvent l'être qu'en ce qui forme
leur dernière destination. Nous pouvons donc
également dire que notre destination dans la
société est le perfectionnement commun, perfectionnement de nous-mêmes par l'action librement reçue des autres sur nous, et perfectionnement des autres par notre réaction sur
eux, comme sur des êtres libres.

Pour remplir cette destination, et pour la remplir de plus en plus, nous avons besoin d'une
habileté qui ne peut s'acquérir et s'accroître
que par la culture, d'une habileté de deux espèces : une habileté *à donner* ou à agir sur autrui
comme sur un être libre, et une capacité *à
prendre* ou à tirer le meilleur parti de l'action
des autres sur nous ; nous parlerons ailleurs en
particulier de chacune des deux. On doit s'at-
tacher particulièrement à conserver la dernière,
quand la première a pris un grand développement ; autrement l'on s'arrête et par conséquent
on rétrograde. Il est rare qu'il y ait un homme
si parfait qu'il ne puisse pas être formé par
autrui ; du moins par quelque côté qu'on croit

peu important ou bien auquel on n'a pas pris garde.

Je connais, messieurs, peu d'idées plus élevées que celle d'une action générale de toute l'humanité sur elle-même, de cette vie et de ces efforts incessants, de cette émulation à donner et à recevoir ce que chacun peut avoir de plus noble en partage, de cet engrenage général d'innombrables rouages, dont le ressort commun est la liberté, et de cette belle harmonie qui en résulte. Qui que tu sois, peut dire chaque homme, toi qui portes une figure humaine, tu es membre de cette grande communauté; quelle que soit l'infinité des membres qui opèrent cette action, j'agis aussi sur toi et toi sur moi; quiconque porte sur sa figure la marque de la raison, quelque grossièrement qu'elle y soit gravée, n'existe pas en vain pour moi. Je ne te connais pas, et tu ne me connais pas encore : mais aussi certainement que nous sommes appelés à être bons et à devenir meilleurs, il viendra un moment, quand ce serait après des millions et des milliards d'années, — car qu'est-ce que le temps? — il viendra un moment où je t'entraînerai dans ma sphère d'activité, où je serai pour toi un bienfaiteur, où je recevrai de toi des bienfaits, et où mon cœur sera lié au tien par le plus beau lien d'une libre action réciproque.

TROISIÈME LEÇON.

TROISIÈME LEÇON.

DES DIFFÉRENTS ÉTATS DANS LA SOCIÉTÉ.

—

Nous avons fait voir en quoi consistent la destination de l'homme considéré *en lui-même*, et celle de l'homme *en société*. Le savant n'est savant qu'en tant qu'il est dans la société ; nous pouvons par conséquent passer maintenant à l'examen de cette question : Quelle est en particulier la destination du savant dans la société? — Mais le savant n'est pas seulement un membre de la société, il est en même temps membre d'une certaine classe particulière de la société ; du moins on parle d'une profession savante : nous verrons si c'est à tort ou à raison.

Ainsi notre étude principale, qui est de déterminer quelle est la destination du savant, demande, outre l'examen des deux questions déjà étudiées, la solution de cette troisième question importante : D'où vient en général la différence des états parmi les hommes, et d'où dérive la différence qui existe par mieux?

Déjà même, sans les recherches précédentes, on comprend que le mot *état* pourrait bien signifier quelque chose qui n'est pas arrivé par hasard et sans notre participation, mais qui est établi et arrangé pour atteindre un certain but, par un libre choix et d'après une idée. La nature répond de l'inégalité qui naît du hasard et sans notre participation, de l'inégalité *physique*; mais l'*inégalité des états* paraît être une inégalité *morale* : il est donc naturel de se demander : De quel droit y a-t-il différents états?

On a déjà cherché souvent à donner une réponse à cette question; on est parti de l'expérience, on a rhapsodiquement compté comme on les saisissait, les différents buts qui sont remplis par ces différents états, les divers avantages que procure cette variété; mais par là on répondait plutôt à une tout autre question qu'à celle qui est ici posée. L'*utilité* d'un certain établissement n'en prouve pas la justice; et on ne pose pas ici la question historique : Quel but

peut-on s'être proposé dans cette institution?
mais cette question morale : Peut-il être per-
mis d'établir une telle institution, quel qu'en ait
pu être le but? On aurait dû résoudre cette
question par des principes rationnels et pratiques ; on n'a pas essayé, que je sache, de donner une solution de ce genre. Il faut que je la
fasse précéder de quelques propositions géné-
rales de la doctrine de la science.

Toutes les lois rationnelles ont leur base dans
la nature de notre esprit ; mais ce n'est que par
l'expérience, qu'en les appliquant, que nous en
avons empiriquement conscience, et plus elles
trouvent d'application, plus elles se lient intimement avec cette conscience. Il en est ainsi
pour *toutes* les lois rationnelles ; il en est particulièrement ainsi des lois pratiques, qui ne
produisent pas, comme les théoriques, un simple *jugement*, mais une activité en dehors de
nous, et qui s'annoncent à la conscience sous la
forme d'*instincts*, de penchants. Le germe de
tous les instincts est dans notre nature, mais
ils n'y sont qu'en germe ; chaque instinct doit
être *éveillé* par l'expérience pour que nous en
ayons conscience, et *développé* par de fréquen-
tes expériences de ce genre, pour devenir un
penchant et pour que la satisfaction en devienne
un *besoin*. Mais l'expérience ne dépend pas de

nous, par conséquent l'excitation et le développement de nos instincts n'en dépendent pas généralement.

Le Non-moi indépendant, comme base de l'expérience, ou *la nature*, est divers; aucune de ses parties n'est entièrement semblable à une autre; proposition qui se trouve dans la philosophie de Kant, et qui y est rigoureusement prouvée; d'où il suit qu'elle agit d'une manière très diverse sur l'esprit de l'homme, et qu'elle n'en développe jamais de la même manière les capacités et les facultés. Par cette diversité d'action de la nature, sont déterminés les *individus* et ce qu'on nomme leur nature empirique et individuelle; et nous pouvons dire sous ce rapport qu'aucun individu n'est entièrement semblable à un autre par ses facultés excitées et développées. — De là une inégalité physique à laquelle nous ne contribuons en rien et que nous ne pouvons pas par notre liberté faire disparaître : car avant de pouvoir résister par la liberté à cette influence de la nature sur nous, il nous faut parvenir à la conscience et savoir nous en servir. Or nous ne pouvons arriver là que par l'éveil et le développement de nos instincts, éveil et développement qui ne dépendent pas de nous.

Mais la loi suprême de l'humanité et de tous les êtres raisonnables, la loi d'un complet accord avec nous-même, d'une absolue identité, en tant qu'elle est positive et matérielle, par application à une nature, demande que dans l'individu toutes les facultés soient également développées, que toutes les capacités soient perfectionnées au plus haut point possible ; — ce que la loi seule ne peut réaliser, puisque, d'après ce qui a été dit, cette réalisation ne dépend pas de la loi seule ni de *notre volonté*, d'ailleurs déterminable par elle, mais de *l'action libre de la nature.*

Si l'on applique cette loi à la société, si l'on suppose qu'il y a plusieurs êtres raisonnables, on trouve que, vouloir que *dans chacun* soient également développées toutes les facultés, c'est établir en même temps *que tous les divers êtres raisonnables doivent aussi être développés uniformément.* — Si les facultés de tous sont égales en soi, comme elles le sont en réalité, puisqu'elles ne se fondent que sur la raison pure ; si elles sont, comme la nature l'exige, également développées chez tous, le résultat d'un égal développement de facultés égales doit partout être le même ; et nous arrivons par un autre chemin à ce que nous avons établi dans la dernière leçon pour but dernier de toute société, *la complète égalité de tous ses membres.*

Ainsi que nous l'avons montré d'une autre

manière dans la leçon précédente, la loi seule ne peut pas plus conduire à ce résultat qu'au précédent, qui est la base de ce dernier. Mais la liberté de la volonté *doit* et *peut* s'efforcer d'approcher toujours davantage de ce but.

Et ici se présente l'activité de l'instinct social, qui tend à la même fin, et qui est le moyen de s'en approcher à l'infini, comme cela doit être. L'instinct social ou le penchant à se mettre en rapport réciproque avec des êtres raisonnables et libres, embrasse les deux penchants : le *penchant à communiquer*, c'est-à-dire le penchant à développer les autres du même côté que nous le sommes le plus, penchant qui tend à rendre autrui semblable à nous en ce que nous avons de meilleur ; et ensuite le *penchant à recevoir*, c'est-à-dire le penchant à se laisser former par autrui, du même côté qu'il l'est le plus et nous le moins. — Ainsi par la raison et la liberté se trouve corrigée la faute commise par la nature ; la culture particle que celle-ci donne à chaque individu devient la propriété de toute l'espèce, et toute l'espèce donne en retour à l'individu tout ce qu'elle possède ; elle lui donne, si nous supposons que tous les individus possibles, dans les conditions déterminées de la nature existent, toute la culture possible dans ces conditions. La nature ne forme chacun que partiellement, mais elle le forme cependant dans tous les points par lesquels il est en contact avec des êtres raisonnables. La raison réunit ces points; elle offre à la nature un côté restreint et un côté étendu, puis elle l'oblige à former la race humaine, du moins dans toutes ces facultés particulières, quand elle ne voulait pas former ainsi l'individu. Par ces instincts, la raison a déjà eu soin de partager proportionnellement la culture obtenue entre les divers membres de la société, et elle en aura soin encore, car le domaine de la nature ne s'étend pas jusque là.

Elle aura soin que chaque individu reçoive *médiatement des mains de la société* toute la culture qu'il n'a pas pu recevoir *immédiatement de la nature*. La société recueillera les avantages de chacun comme un bien commun pour le libre usage de tous, et elle les multipliera ainsi pour les étendre aux individus; elle fera disparaître les défauts de chacun par l'ensemble, et les divisera en une infinité de petites sommes; ou, pour exprimer cette idée sous une formule plus commode dans l'application à maints objets, toute culture de l'habileté a pour but de soumettre à la raison la nature, dans le sens que j'ai donné à cette expression, de rendre l'expérience, en tant qu'elle n'est pas dépendante des lois de notre faculté de nous représenter les objets, d'accord avec les notions pratiques que nous nous en faisons nécessairement. Ainsi la raison est avec la nature dans un état de guerre continuelle, et cette guerre ne peut jamais finir, si nous ne devenons pas des dieux; mais l'influence de la nature doit et peut s'affaiblir de plus en plus, et la domination de la raison devenir toujours plus puissante; cette dernière doit remporter sur ·la première des victoires successives. Un individu peut sans doute combattre la nature avec avantage dans ses points de contact particuliers; mais dans tous les autres il est peut-être irrésistiblement dominé par elle. Voilà que la société se forme et qu'elle prend en mains la cause de chaque homme; ce qu'un individu ne pouvait faire, tous le peuvent par la réunion de leurs forces. Chacun, il est vrai, combat seul, mais la nature est vaincue dans le combat général que tous lui livrent, et cède une victoire dont chacun en sa place remporte sur elle une partie. Ainsi l'inégalité physique des individus donne une nouvelle force au lien qui les réunit tous en un corps; l'impulsion du besoin, et l'impulsion encore plus douce de la satisfaction du besoin les lient intimement, et la nature a renforcé la puissance de la raison en voulant l'affaiblir.

Jusqu'ici tout va son chemin naturel; nous avons des *caractères* très différents par le mode et le degré de leur culture, mais nous n'avons pas encore des *états* différents; car nous n'avons encore pu présenter *aucune destination parti- culière librement* embrassée, aucun choix ar- bitraire d'une espèce particulière de culture. Je dis nous n'avons encore pu montrer aucune destination particulière librement embrassée : c'est ce qu'il faut bien comprendre. L'instinct social en général tient à la liberté; il pousse, mais il ne force pas; on peut lui résister et l'écraser ; on peut par un égoïsme inhumain se séparer de la société, se refuser à recevoir quelque chose d'elle; on peut par grossièreté animale oublier qu'elle est libre, et la regarder comme chose soumise à notre bon plaisir, parce qu'on ne se considère pas soi-même au- trement, et qu'on se regarde comme soumis à l'arbitraire de la nature. Mais ce n'est pas là ce dont il est ici question : en supposant qu'on obéisse en général à l'instinct social, on est alors conduit nécessairement à communiquer ce qu'on a de bon à celui qui en a besoin, et à recevoir ce qui nous manque de celui qui le possède. Il ne faut pas pour cela de détermi- nation particulière ou de modification de l'instinct social par un nouvel acte de la liberté; et c'est là seulement ce que je voulais dire.

La différence caractéristique est celle-ci : *sous les conditions que nous avons développées jusqu'ici*, je me livre, comme individu, à la nature, pour le développement partiel d'une faculté particulière quelconque qui est en moi, *parce qu'il le faut*; je n'ai pas de choix à faire, je suis involontairement sa direction; je prends tout ce qu'elle me donne, mais je ne puis prendre ce qu'elle ne me donne pas. Je ne néglige aucune circonstance pour me former sous autant de rapports que je peux, mais je ne crée aucune circonstance parce que je ne le puis. Quand *au contraire je choisis* un état (si un état ne peut être qu'une affaire de libre arbitre, comme le langage l'indique), quand je **choisis** un état, il faut *auparavant*, seulement pour que je puisse choisir, m'être livré à la nature; car déjà divers instincts doivent avoir été réveillés en moi, et je dois avoir conscience des diverses facultés que je possède. Cependant, *tout en choisissant*, je me décide à ne tenir aucun compte de certaines occasions que la nature aurait pu me donner, pour *appliquer exclusivement* toutes mes forces et tous les avantages que je tiens d'elle au développement d'*une seule ou de plusieurs capacités déterminées*, et **mon** état est déterminé par la faculté particulière au développement de laquelle je me suis voué par un libre choix.

Il se présente ici cette question : *Dois-je* choisir un état déterminé, ou, si je ne le dois pas, *puis-je* me vouer exclusivement à un état déterminé, c'est-à-dire à une culture partielle? Si je le dois, si c'est un devoir absolu de choisir un état particulier, on doit pouvoir dériver de la loi suprême de la raison un instinct qui pousse au choix d'un état, comme nous en avons trouvé un qui nous porte à nous former en société. Si seulement je le puis, on ne pourra pas dériver de cette loi un instinct, mais seulement une permission; et pour déterminer la volonté à choisir réellement ce que permet seulement la loi, il doit y avoir un *datum* empirique, qui établisse non une loi, mais une simple règle de prudence. L'examen fera voir ce qu'il en est.

La loi dit : Cultive toutes tes facultés complétement et uniformément, autant que tu le peux; mais elle ne détermine pas si je dois m'en servir immédiatement dans la nature. ou médiatement par le commerce avec les autres hommes : le choix est ici entièrement abandonné à ma propre prudence. La loi dit : Soumets la nature à ton but; mais elle ne dit pas que , si

je les trouve déjà assez développées par d'autres
pour certains buts que je me propose, je doive
encore les développer pour tous les buts possibles de l'humanité. Par conséquent la loi ne
défend pas de choisir un état particulier; mais
elle ne l'ordonne pas non plus, précisément
parce qu'elle ne le défend pas. Je suis donc ici
sur le terrain du libre arbitre, je puis choisir
un état; et quand j'examine non quel état
déterminé je dois choisir (nous en parlerons
une autre fois), mais si je dois ou non en
choisir un, j'ai à me déterminer d'après de tout
autres motifs que d'après ceux qui dérivent
immédiatement de la loi.

Dans l'état actuel des choses, l'homme naît
dans la société; il trouve la nature non plus
grossière, mais préparée déjà de plusieurs ma-
nières à toutes les fins possibles. Il trouve une
foule d'hommes occupés à la travailler sous
toutes ses faces diverses, pour l'usage des êtres
raisonnables. Il trouve déjà fait en grande partie ce qu'il aurait dû faire. Il pourrait peut-être
avoir une existence très agréable, sans appliquer immédiatement ses forces à travailler à la
nature; il pourrait atteindre une certaine perfection, seulement en jouissant de ce que la société a fait, et en particulier de ce qu'elle a fait
pour sa propre culture; mais il ne le peut; il

doit du moins chercher à payer sa dette à la société ; il doit payer sa place, il doit s'efforcer en quelque manière d'élever plus haut cette perfection du genre humain qui a déjà tant fait pour lui.

Pour cela deux voies s'offrent à lui : ou il peut se proposer de travailler la nature dans tous les sens ; mais alors toute sa vie, plusieurs vies même se passeraient à apprendre ce qui a déjà été fait avant lui par d'autres, et ce qui reste encore à faire ; et ainsi sa vie serait perdue pour la race humaine; non pas, il est vrai, par la faute de sa volonté, mais par celle de son imprudence : ou il peut prendre une partie particulière, dont il lui sera peut-être possible d'achever la culture. La nature et la société l'avaient peut-être déjà formé pour cette partie, et il s'y voue exclusivement. Il s'en remet, pour la culture de ses autres facultés, à la société qu'il a le projet, la volonté et le désir de développer dans la partie qu'il embrasse ; et de cette manière il s'est choisi un état, et ce choix est tout-à-fait légitime. Cependant cet acte de la liberté, comme tous les autres, est soumis à la loi morale, qui est la règle de toutes nos actions, ou à l'impératif catégorique, que j'exprime ainsi : Par rapport à la détermination de ta volonté, ne sois jamais en contradiction avec toi-même ; — loi qui, ainsi formulée, peut être remplie par chacun, puisque la détermination de notre volonté ne dépend pas de la nature, mais seulement de nous-mêmes.

Le choix d'un état est un acte de liberté, par conséquent personne ne doit être forcé à un état ou être exclu d'un état quelconque. Tout acte, comme toute institution générale, qui tend à violenter ainsi la liberté, est contraire à la justice; sans compter qu'il est imprudent de forcer un homme à embrasser un état ou de l'exclure d'un autre, car peut-être lui seul possède les talents propres à cet état, et par là souvent un membre est tout-à-fait perdu pour la société, parce qu'il ne se trouve pas à la place qui lui convenait. — Sans tenir compte de cette perte, il y a injustice dans cette violence; car elle met notre action en contradiction avec l'idée pratique que nous en avons. Nous voulions un *membre* de la société et nous en faisons un *rouage*; nous voulions un *libre collaborateur* à notre grand plan, et nous en faisons un *instrument passif*; par notre institution nous tuons l'homme autant qu'il nous est possible, et nous manquons et à lui et à la société.

On choisit un état déterminé, on se voue au développement d'un certain talent, *afin de pouvoir rendre à la société ce qu'elle a fait pour nous* ; par conséquent chacun est obligé d'appliquer réellement sa capacité à l'avantage de la société.

Personne n'a le droit de ne travailler que pour sa propre jouissance, de se séparer de ses semblables et de rendre sa culture inutile pour eux ; car ce n'est que par le travail de la société qu'il a été mis en état de l'acquérir ; elle est en un sens le produit, la possession de la société ; c'est la priver de ce qui lui appartient, que de ne pas vouloir s'en servir à son profit. Il est du devoir de chacun, non seulement de vouloir être en général utile à la société, mais encore de diriger tous ses efforts, autant qu'il le comprend, vers la fin dernière de la société, à ennoblir de plus en plus le genre humain, c'est-à-dire à le rendre toujours plus libre de la contrainte de la nature, toujours plus maître et directeur de lui-même ; et par là cette nouvelle inégalité produit une nouvelle égalité, qui consiste dans la tendance uniforme de la culture chez tous les individus.

Je ne dis pas que la chose se passe toujours ainsi ; mais il devrait en être ainsi d'après les idées pratiques que nous avons de la société et des différents états qui la composent ; nous pouvons et devons travailler pour faire qu'il en soit ainsi. — Nous verrons bientôt avec quelle puissance le savant peut particulièrement contribuer à atteindre ce but, et combien il possède pour cela de ressources.

Si nous considérons l'idée développée jusqu'ici, sans la rapporter à nous, nous voyons du moins en dehors de nous une réunion d'hommes dans laquelle personne ne peut travailler pour soi sans travailler pour tous les autres, ni travailler pour tous les autres sans travailler en même temps pour soi ; une société où le bonheur d'un des membres est à la fois un bonheur pour tous les autres et son malheur un malheur pour tous ; spectacle qui déjà, par l'harmonie que nous apercevons dans la grande diversité de détails, émeut notre âme et élève fortement notre esprit.

L'intérêt s'accroît encore quand on jette un regard sur soi-même et que l'on se considère comme membre de cette grande et intime association. Le sentiment de notre dignité et de notre force augmente quand nous nous disons ce que chacun de nous peut se dire : Mon existence n'est pas inutile et sans but ; je suis un anneau nécessaire de la grande chaîne qui s'étend du moment que le premier homme eut conscience de son existence, jusque dans l'éternité ; tous ceux qui ont fait, au milieu des hommes, chose grande, sage, noble, ces bienfaiteurs de l'humanité dont je lis les noms illustres dans l'histoire des nations, tous ceux dont les services ont survécu à leur nom, tous ont travaillé pour moi; je suis venu au milieu de leur moisson, j'habite la terre qu'ils habitèrent, je suis les traces sur lesquelles ils ont répandu leurs bienfaits; je puis, dès que je le veux, entreprendre la même tâche qu'ils ont remplie, de rendre toujours plus sage et plus heureuse la race de mes frères; je puis continuer ce qu'ils furent obligés d'interrompre; je puis élever plus haut les murs du magnifique temple qu'il leur fallut laisser inachevé.

« Mais il faudra aussi m'arrêter comme eux, » pourra-t-on dire? — Ah! de toutes les pensées, c'est la plus élevée. Je n'aurais jamais achevé si j'entreprenais cette grande tâche; et comme certainement je suis appelé à l'entreprendre, je ne puis jamais cesser *d'agir*, et par conséquent jamais cesser *d'être*. Ce qu'on nomme la mort, ne peut briser mon œuvre, car il faut qu'elle soit achevée et elle ne peut jamais l'être : par conséquent il n'est pas de temps assigné à mon existence, et je suis éternel.

En entreprenant cette tâche immense, j'ai tiré à moi l'éternité. Je lève fièrement la tête vers les hautes montagnes aux pics menaçants, au milieu des mugissantes tempêtes des eaux,

au milieu des déchirements des nuages en feu,
et je m'écrie : Je suis éternel et je brave votre
puissance ! Tombez sur moi, toi terre, et toi
ciel ; confondez tous vos éléments en un sauvage
tumulte, soufflez, déchaînez-vous, et dans une
épouvantable lutte broyez le dernier atome du
corps que je dis mien ; ma volonté seule dans
son plan arrêté flottera digne et calme sur les
ruines du monde ; car j'ai compris ma destination, et elle est d'une durée plus longue que
vous : elle est éternelle, et je suis éternel comme
elle.

QUATRIÈME LEÇON.

QUATRIÈME LEÇON.

DE LA DESTINATION DU SAVANT.

———

J'ai à parler aujourd'hui de la destination du Savant.

Ce sujet me met dans une position singulière. Vous tous, ou la plupart de vous, messieurs, vous avez choisi l'étude, les sciences, pour l'occupation de votre vie, et j'ai fait comme vous; vous tous, on peut le croire, vous employez toutes vos forces à figurer avec honneur au nombre des savants, et j'ai fait et je fais encore comme vous. Ainsi, comme savant, je dois parler devant des savants de la destination du

5

savant. Je dois examiner la chose à fond,
l'épuiser si je puis; je ne dois omettre dans le
tableau rien d'essentiel, et si je trouve que cette
classe d'hommes a une destination très honorable, très élevée, distinguée au-dessus de celle
de tous les autres états, comment pourrai-je
l'exposer sans blesser la modestie, rabaisser les
autres états, et sembler aveuglé par l'amour-pro-
pre? — Mais je parle comme philosophe, c'est-
à-dire comme un homme qui doit déterminer
rigoureusement chaque idée : puis-je empêcher
cette idée de se présenter à son tour dans le système? Je ne puis rien changer à ce qui est re-
connu pour vrai : c'est là la vérité; la modestie
lui est subordonnée, et ce serait une fausse
modestie que celle qui la défigurerait en quelque partie. Étudions donc ce sujet froidement
et comme s'il nous était étranger; étudions-le
comme une idée appartenant à un monde avec
lequel nous n'aurions point de rapport. Exigeons
des preuves plus rigoureuses; n'oublions pas,
ce que j'espère présenter en son lieu avec force,
que chaque état est nécessaire, mérite toute
notre estime; que ce n'est pas l'état, mais la
manière dont on le remplit, qui honore l'individu; que chacun n'est respectable qu'autant
qu'il approche le plus de l'entier accomplissement de ses devoirs, et que par conséquent le

savant doit être le plus modeste, parce qu'il sait
qu'il reste toujours bien loin de son but, parce
qu'il doit atteindre à un idéal très élevé, dont il
ne peut approcher que de loin.

« Dans l'homme sont plusieurs instincts,
plusieurs facultés; chacun a pour vocation de
les développer autant qu'il le peut. Parmi ces
divers instincts, se trouve celui de la sociabilité,
qui lui présente un nouveau champ de culture,
celle qui a pour but la société, et en même
temps une facilité peu commune pour en favo-
riser l'avancement. Ici rien n'est prescrit à
l'homme; il peut vouloir développer à la fois
tous ses instincts immédiatement dans la nature
ou médiatement par la société; le premier dessein serait d'un accomplissement difficile, et
ne servirait de rien à la société; aussi chaque
individu a raison de choisir dans la société un
rameau particulier de la culture générale, de
laisser les autres aux autres membres de la société, et d'espérer qu'ils lui laisseront prendre
part à l'avantage de *leur* culture, comme il *leur*
laisse prendre part aux avantages de la *sienne*,
et c'est là l'origine et la cause de la différence
des états dans la société. »

Tel est le résultat de mes précédentes leçons.
Pour diviser les divers états d'après de pures
notions rationnelles, il faudrait prendre pour

base un recensement complet de toutes les facultés et de tous les besoins naturels de l'homme
(non pas de ses besoins factices). Un état particulier peut être consacré à la culture de chaque
faculté, ou, ce qui revient au même, à la satisfaction de chaque besoin naturel fondé sur un penchant inné en l'homme. Nous remettons cette recherche à un autre temps, pour entreprendre
dans cette leçon celle que nous avons annoncée.

Si l'on se posait la question de la perfection ou de l'imperfection de la société telle
que nous l'avons établie d'après nos principes (et chaque société · se dirige par les instincts naturels de l'homme sans aucun autre
guide, entièrement d'elle-même, comme on le
voit par ce que nous avons dit de l'origine de la
société); si, dis-je, on posait cette question,
on ne pourrait la résoudre qu'après avoir recher-
ché si l'on prend soin, dans la société donnée,
du développement et de la satisfaction de *tous*
les besoins, du développement *uniforme*, de la
satisfaction égale de tous. Si l'on prenait soin
de tous, la société serait, comme société, parfaite; cela ne veut pas dire qu'elle *atteindrait*
son but, ce qui est impossible d'après ce que
nous avons établi; mais elle serait dans une voie
qui nécessairement la conduirait toujours de
plus en plus près de ce but; si l'on ne faisait

rien pour eux, elle pourrait bien par un heureux hasard être poussée sur la route de la culture ; mais il n'y aurait là rien de certain ni d'assuré, car, par un malheureux hasard, elle pourrait aussi rétrograder.

Le soin qu'on doit prendre de ce développement uniforme de toutes les facultés de l'homme suppose d'abord la connaissance de toutes ses facultés, la science de tous ses penchants, de tous ses besoins, la mesure prise déjà de tout son être. Cette connaissance complète de l'homme tout entier se fonde elle-même sur une faculté qui doit être développée, car il y a dans l'homme un penchant *à connaître*, et en particulier à connaître ce dont il a besoin. Mais le développement de cette faculté demande tout le temps et toutes les forces d'un homme ; s'il est un besoin commun qui exige qu'un état particulier se consacre à sa satisfaction, c'est certainement celui-ci.

Mais la simple *connaissance* des facultés et des besoins de l'homme, sans celle des moyens de les *développer* et de les *satisfaire*, serait une science non seulement triste et accablante, mais encore vide et entièrement inutile. Ce ne serait pas se conduire envers moi en ami que de me montrer ce qui me manque, sans m'enseigner en même temps le moyen d'y remédier; que de me faire sentir mes besoins sans me mettre en état de les satisfaire : on aurait mieux fait de me laisser dans mon ignorance animale; en un mot, ce ne serait pas là cette connaissance que demande la société et pour laquelle elle doit avoir un état particulier qui soit en possession de la science, puisqu'elle ne tendrait pas au perfectionnement du genre humain, et, par ce perfectionnement, à une union plus intime, comme elle devrait cependant le faire. — A cette connaissance des besoins doit donc se joindre en même temps la connaissance des *moyens de les satisfaire*; et cette connaissance appartient avec raison au même état, puisque l'une ne peut pas être complète sans l'autre, et encore moins active et vivante. La première de ces connaissances se fonde sur des principes rationnels purs, et elle est *philosophique* ; la seconde s'appuie en partie sur l'expérience, et elle est par conséquent *philosophique* et *historique* (non pas seulement historique, car il faut mettre en rapport avec les circonstances données par l'expérience les fins, qu'on ne peut trouver que philosophiquement, pour pouvoir juger les premières comme moyens d'atteindre les dernières). — Cette connaissance doit être utile à la société; il ne s'agit donc pas seulement de savoir quelles facultés l'homme possède, et par quels moyens on peut en général les développer ; une telle connaissance resterait toujours complétement stérile : elle doit faire un pas de plus pour être utile comme on le demande. Il faut savoir à quel degré de culture cette société dont on est membre se trouve à telle époque, à quel degré déterminé elle peut s'élever de celui-là, et quels moyens elle doit employer pour y arriver. On peut sans doute calculer la marche de l'humanité rationnellement, en supposant en général une expérience, mais avant toute expérience déterminée. On peut donner les différents degrés de développements par lesquels elle doit passer pour arriver à un degré déterminé ; mais indiquer le degré sur lequel elle se trouve réellement à une époque donnée, c'est ce qu'on ne peut savoir seulement par la raison ; il faut consulter l'expérience, il faut examiner les circonstances antérieures, quoique toujours avec un esprit philosophique ; il faut porter les regards autour de soi, et observer ses contemporains. Cette partie de la connaissance nécessaire pour la société est donc purement *historique*.

Ces trois genres de connaissance réunis, — et s'ils n'étaient pas réunis ils ne seraient que de peu d'utilité, — forment ce qu'on appelle la science, ou du moins ce qu'on devrait appeler exclusivement de ce nom; et celui qui consacre sa vie à les acquérir est un savant.

Cependant chacun ne doit pas embrasser toute la connaissance humaine dans ses trois parties. Ce serait le plus souvent impossible; par conséquent toute tentative de la posséder dans son entier serait inutile et stérile, et on consommerait ainsi vainement une vie qui aurait pu être utile à la société. Chacun peut choisir et détacher quelques rameaux; mais chacun doit travailler sa partie d'après ces trois points de vue : le philosophique , le philoso-phico-historique, et l'historique seul. — Je ne fais qu'esquisser ce qu'ailleurs je développerai plus au long, pour indiquer du moins que l'étude approfondie d'une philosophie ne dispense pas d'acquérir des connaissances empiriques, si elles sont solides, et qu'elle en prouve au contraire évidemment la nécessité. — Le but de toutes ces connaissances est celui que nous avons indiqué déjà; c'est que par leur moyen on ait soin que toutes les facultés de l'homme soient également développées et agrandies; de là ressort la véritable destination de la classe des savants, destination qui est de *veiller atten-tivement au progrès réel de l'humanité en général,* et à *la marche continuelle de ce développement progressif.*

Je me fais violence, messieurs, pour ne pas me laisser entraîner par la haute idée qui s'offre maintenant à nous ; nous n'en avons pas encore fini avec le froid examen. Cependant je dois faire remarquer en passant ce que feraient ceux qui chercheraient à entraver le libre développement des sciences. Je dis, *feraient,* car comment puis-je savoir s'il y a des hommes capables de le faire ? Du progrès des sciences dépend immédiatement tout le progrès de l'humanité. Qui entrave l'un, arrête l'autre ; et celui qui l'arrête, quel caractère prend-il aux yeux de ses contemporains et de la postérité ? Par ses actions, qui parlent plus haut que mille voix, il crie au monde et à la postérité : Les hommes ne doivent pas devenir plus sages et meilleurs, du moins aussi long-temps que je vivrai ; leur marche violente m'entraînerait malgré moi en quelque chose, et c'est ce que j'ai en horreur ; je ne veux pas m'éclairer davantage, je ne veux pas m'ennoblir davantage ; les ténèbres et la dépravation sont mon élément, et j'emploierai mes dernières forces à ne pas m'en laisser arracher. — L'humanité peut se passer de tout, on peut lui tout enlever sans blesser sa vraie dignité ; on ne peut lui enlever

la possibilité de se perfectionner. Froids et ru-
sés, comme cet ennemi de l'humanité que nous
peint la Bible, ces hommes ont calculé, sup-
puté, cherché au fond de ce qu'il y a de plus
sacré, par où ils pourraient prendre l'humanité pour l'écraser dans son germe, et ils l'ont
trouvé. — L'humanité se détourne involontairement de leur image. — Revenons à nos recherches.

La science est elle-même un rameau de la
culture de l'homme; chacun de ses rameaux
doit croître et grandir, puisque toutes les facultés de l'homme doivent se développer; chaque savant, comme chaque homme qui a choisi
un état, doit donc s'efforcer de faire avancer la
science, et en particulier la partie de la science
qu'il a choisie. Dans sa partie, il est tenu à la
même obligation que les autres hommes; il est
même soumis à une plus grande. Il doit veiller
sur les progrès des autres États, il doit les faire
avancer, et il voudrait demeurer immobile!
De ses progrès dépendent ceux de toutes les
autres parties de la culture humaine; il doit
toujours être en avant pour frayer le chemin,
l'examiner, y diriger l'humanité, et il voudrait
rester en arrière! De ce moment il cesserait
d'être ce qu'il doit être, et comme il ne deviendrait pas autre chose, il ne serait rien.

Je ne dis pas que chaque savant doive *faire
réellement avancer* sa partie, s'il ne le peut pas;
mais je dis qu'il doit *s'efforcer* de la faire avancer; qu'il doit ne pas se reposer, ne pas croire
avoir rempli son devoir tant qu'il ne lui a pas
fait faire un progrès. Tant qu'il vit, il peut la
pousser toujours plus loin; s'il est surpris par
la mort avant d'avoir atteint son but, il est pour
ce monde phénoménal dégagé de ses obliga-
tions, et on lui tient compte de sa sérieuse volonté, comme s'il l'avait accomplie. La règle
suivante, qui s'applique à tous les hommes, est
particulièrement de rigueur pour les savants;
que le savant oublie ce qu'il a fait, dès que c'est
fait, et qu'il pense seulement à ce qui lui reste
à faire. Celui-là ne s'est pas encore avancé bien
loin, qui à chaque pas qu'il fait ne voit pas
s'élargir devant lui le champ de ses travaux.

Le savant est principalement destiné à la société; en tant que savant, plus que dans tout
autre état, il est seulement à la société et par la
société; c'est donc un devoir pour lui de développer au plus haut degré ses talents sociaux :
la capacité de recevoir et celle de communiquer.
S'il a acquis les connaissances empiriques nécessaires d'une manière convenable, sa réceptivité doit être principalement développée, car
il doit être familiarisé avec ce qu'était sa science

avant lui ; et il ne peut l'avoir appris que par
l'instruction, soit dans des leçons, soit dans des
livres, et non par des réflexions. Il doit par une
étude continuelle conserver cette réceptivité,
et chercher à se garder de toute préférence pour
ses propres pensées et de toute exclusion pour
les pensées d'autrui, exclusion qui est si commune ; personne n'est si instruit, qu'il ne puisse
encore apprendre et même des choses très nécessaires ; et rarement il est quelqu'un d'assez
ignorant pour ne pas pouvoir enseigner même
au plus savant quelque chose qu'il ne sait pas.
Le savant a toujours besoin de la faculté de communiquer, car il ne possède pas la science pour
lui-même, mais pour la société. Il doit exercer
cette faculté dès sa jeunesse et l'entretenir dans
une continuelle activité : nous verrons en son
lieu *par quels moyens.*

Ses connaissances acquises pour la société, il
doit réellement les employer à son avantage ; il
doit donner aux hommes le sentiment de leurs
véritables. besoins et leur faire connaître les
moyens de les satisfaire.

Cela ne signifie pas qu'il doive s'engager avec
eux dans les profondes recherches qu'il lui a
fallu entreprendre pour trouver quelque chose
de certain : cela irait à faire de tous les hommes d'aussi grands savants qu'il peut l'être, et

c'est la chose impossible, contraire même au but général, puisqu'il faut aussi que le reste se fasse, et c'est pour cela qu'il y a d'autres états. Si ceux-ci employaient leur temps à de savantes recherches, les savants devraient bientôt cesser de l'être.

Comment donc peut-il et doit-il propager ses connaissances? — Sans la confiance à la probité et à l'habileté d'autrui, la société ne pourrait exister, et cette confiance est profondément empreinte dans notre cœur. Par un bienfait particulier de la nature, nous ne l'avons jamais à un plus haut degré que quand nous avons besoin de la probité et de l'habileté d'un autre homme. Il peut compter sur cette confiance en sa probité et en son habileté, s'il se l'est acquise comme il doit. — Ensuite il y a dans tous les hommes un sentiment du vrai, qui seul ne suffit pas, mais qui doit être développé, épuré, et c'est là l'affaire du savant. Ce sentiment ne suffirait pas à celui qui n'est pas savant pour le conduire à toutes les vérités dont il a besoin; mais si d'ailleurs il n'est pas habilement trompé, ce que font souvent des hommes qui se comptent au nombre des savants, il lui suffira toujours, quand un autre le conduira, pour lui faire reconnaître la vérité sans qu'il ait besoin d'en rechercher profondément le caractère; le

savant peut aussi compter sur ce sentiment du
vrai. — Ainsi, d'après l'idée du savant développée
jusqu'ici, sa destination est d'être le *précepteur*
de l'humanité.

Mais il n'a pas seulement à faire connaître
en général aux hommes leurs besoins et les
moyens d'y satisfaire; il doit encore les conduire à chaque époque et en chaque lieu aux
besoins qui se montrent dans des circonstances
déterminées, et aux moyens précis d'atteindre
le but donné dans le moment. Il ne voit pas
seulement le présent, mais aussi l'avenir, non
seulement le moment actuel, mais encore le
point où doit tendre l'humanité, et il a soin
qu'elle reste sur la route qui mène à son but
final, qu'elle ne s'en écarte pas et qu'elle ne
recule pas. Il ne peut vouloir l'entraîner d'un
seul coup au point qui brille à ses yeux; elle ne
peut franchir d'un seul bond toute sa route; il
doit seulement avoir soin qu'elle ne s'arrête pas
et qu'elle ne rétrograde pas. Sous ce rapport le
savant fait l'*éducation* du genre humain.

Je remarque ici d'une manière expresse que
dans cette affaire, comme dans toutes les autres,
le savant est soumis à la loi morale, à l'accord
voulu avec lui-même. Il agit sur la société, qui
est basée sur la notion de la liberté, et dont chaque membre est libre comme elle, et elle ne peut

être traitée que par des moyens moraux. Le savant ne doit jamais être tenté de faire recevoir ses convictions par la force, en *recourant à la contrainte* physique ; — dans notre siècle, il n'est plus besoin de combattre cette folie. Il ne doit pas non plus *tromper* les hommes ; sans compter que par là il pèche contre lui-même, et que dans chaque cas les devoirs de l'homme sont plus élevés que ceux du savant, il pèche en même temps envers la société. Chaque individu doit y *juger librement* avec une conviction qui lui paraisse *suffisante* ; il doit pouvoir dans chacune de ses actions se considérer comme but, et être considéré par les autres de la même manière ; mais celui qui est trompé n'est considéré que comme un simple moyen.

Le but absolu de chaque homme, comme celui de toute la société, et par conséquent aussi de tous les travaux que le savant entreprend pour elle, est l'ennoblissement moral de l'homme tout entier. Il est du devoir du savant de se représenter toujours ce but final, de l'avoir toujours devant les yeux dans tout ce qu'il fait. Mais personne ne peut travailler avec bonheur à l'ennoblissement moral des hommes, s'il n'est lui-même un homme de bien. Ce n'est pas seulement par des discours que nous enseignons, c'est surtout par notre exemple; et quiconque vit dans la société doit lui donner de bons exemples, puisque la force de l'exemple vient de notre conduite dans la société. Avec combien plus de raison lui doit de bons exemples le savant qui, dans toutes les parties de la culture, doit être en avant de tous les autres états! S'il est en arrière pour ce qui est le principal, pour ce qui est le but de toute culture, comment peut-il être un modèle comme il doit l'être, et comment peut-il espérer que les autres suivront ses leçons, quand elles sont en présence de tous contredites par ses actions? Ce que le fondateur de la religion chrétienne disait à ses disciples peut s'appliquer aux savants : Vous êtes le sel de la terre; si le sel perd sa saveur, avec quoi la lui rendra-t-on? Si les hommes de choix sont corrompus, où doit-on chercher la bonté morale? — Considéré sous ce dernier rapport, le savant doit être l'homme moralement le meilleur de son temps; il doit présenter en lui *le plus haut degré de développement moral* atteint jusqu'à lui.

Telle est, messieurs, notre destination commune, tel est notre sort à tous; sort heureux d'être destiné par état particulier à pratiquer ce que par vocation générale on est obligé comme homme de faire, à n'employer son temps et ses forces qu'à la chose pour laquelle nous ménageons avec avarice notre temps et nos forces, à n'avoir pour affaire, pour occupation, pour œuvre journalière de toute sa vie, que ce qui serait pour d'autres un doux délassement du travail ! Tous ceux de vous auxquels leur vocation est chère, peuvent avoir cette haute et fortifiante pensée : A moi aussi est confiée en partie la culture de mon époque et celle des âges suivants; par mon travail aussi se développera la marche des générations futures, l'histoire universelle des nations. Je suis appelé à rendre témoignage à la vérité; ma vie n'est rien, mais de mes efforts dépendent une infinité de choses. Je suis prêtre de la vérité, je suis à son service; je me suis engagé à tout faire, tout oser, tout souffrir pour elle. Si pour elle je suis haï et persécuté, si je dois mourir à son service, ferais-je rien de plus, rien autre que ce qu'il me fallait absolument faire ?

Je sais, messieurs, la portée de tout ce que j'ai dit; je sais qu'une époque énervée et efféminée ne souffre pas qu'on ait ce sentiment et qu'on l'exprime; qu'elle appelle d'une voix timide, qui trahit sa honte, enthousiasme fanatique tout ce à quoi elle ne peut s'élever; qu'elle détourne les yeux avec angoisse d'un tableau dans lequel elle ne voit que son déshonneur et sa faiblesse; que tout ce qui est fort et élevé ne fait sur elle d'autre impression que celle que ferait une impulsion sur un homme paralysé de tous ses membres. Je sais tout cela, mais je sais aussi où je parle; je parle devant des hommes qui sont trop jeunes encore pour être atteints de cette lâcheté, et je voudrais, par une morale mâle, enraciner dans leur âme des sentiments capables de les en préserver plus tard. J'avoue franchement que dans cette position où m'a placé la Providence, je voudrais contribuer à remplir les cœurs de pensées plus morales, de sentiments plus forts pour ce qui est grand et noble, d'un ardent désir de remplir à tout prix sa vocation, partout où se parle la langue allemande, et plus loin même si je pouvais, afin que je susse que, quand vous aurez quitté ces lieux pour vous répandre en d'autres pays où vous vivrez, vous serez dans toutes vos fonctions des hommes qui ont choisi pour amie la vérité, qui lui sont attachés à la vie et à la mort; qui la recevraient quand bien même elle serait proscrite de toute la terre, qui la défendraient quand elle serait calomniée et blasphémée, qui pour elle supporteraient gaiement la haine enve-

nimée des grands, les fades railleries des esprits
faux , la pitié moqueuse des esprits étroits. Tel
a été mon dessein en disant ce que j'ai dit, et
tel il sera dans tout ce que j'ai encore à dire au
milieu de vous.

CINQUIÈME LEÇON.

CINQUIÈME LEÇON.

EXAMEN DE L'OPINION DE ROUSSEAU CONCERNANT L'IN-
FLUENCE DES ARTS ET DES SCIENCES SUR LE BIEN DE
L'HUMANITÉ.

———

Il est très important *pour la découverte de
la vérité* de combattre les erreurs qui lui sont
opposées. Mais quand, par de justes consé-
quences, on l'a déduite de son principe, tout
ce qui lui est opposé doit nécessairement être
faux, et une réfutation expresse devient super-
flue : quand on connaît toute la route qu'on
doit parcourir pour arriver à une certaine conséquence, on aperçoit facilement les chemins
détournés qui conduisent à de fausses opinions,
et on est en état de montrer à quiconque s'est

égaré le point où il a quitté le droit chemin, car chaque vérité ne peut être dérivée que d'un seul principe. Une théorie solide de la science doit apprendre *quel est ce* principe pour chaque question déterminée; la logique générale enseigne comment on doit ici procéder; et ainsi l'on connaît le vrai chemin en même temps que le faux.

Cependant, *pour mieux faire comprendre* la vérité qu'on a découverte, il importe aussi de montrer quelles sont les opinions qui lui sont opposées. En comparant la vérité avec l'erreur, on est forcé d'en remarquer mieux les caractères distinctifs, de les déterminer plus nettement et de les présenter avec plus de clarté.

Je vais employer cette méthode pour vous donner aujourd'hui une idée claire et sommaire de ce que je vous ai exposé dans les précédentes leçons.

J'ai fait consister la destination de l'homme dans le progrès constant de la culture, et le développement continuel et uniforme de toutes ses facultés et de tous ses besoins, et j'ai assigné une place très honorable dans la société humaine à la classe d'hommes qui doit veiller sur la marche et l'uniformité de ce développement.

Personne plus que Rousseau n'a soutenu aussi positivement et avec autant d'apparence de raison et de puissance d'éloquence, une opinion plus opposée à cette vérité! Pour lui, le développement de la culture est la seule cause de la corruption des hommes; il n'est de salut pour eux que dans l'état de nature, et, ce qui est tout-à-fait conséquent avec ses principes, cette classe d'hommes qui travaille le plus à faire l'éducation du genre humain, la classe des savants, est la source et le centre de toute misère et de toute corruption.

Ce principe est avancé par un homme qui avait développé à un très haut degré ses facultés intellectuelles. Avec toute la supériorité que lui donnait cette culture remarquable, il travailla autant qu'il le put à convaincre l'humanité de la justesse de ses idées, et de la nécessité de retourner à cet état de nature qu'il prônait. Pour lui, revenir en arrière, c'est avancer; et le but suprême auquel doit enfin arriver l'humanité, aujourd'hui corrompue et dépravée, est cet état de nature abandonné depuis long-temps. Il fit en conséquence ce que nous faisons; il travailla pour la faire avancer à sa manière et pour hâter sa marche vers sa destination dernière. Il fit donc précisément ce qu'il blâmait si amèrement; il y avait contradiction entre ses actions et ses principes.

La même contradiction se trouve dans ses

principes. Par quoi était-il poussé à agir, sinon
par un instinct de son cœur? S'il avait examiné
cet instinct, s'il l'avait associé à ce qui le jeta
dans l'erreur, l'unité et l'harmonie auraient
paru dans sa vie et dans ses pensées. Si nous
expliquons la première de ces contradictions,
nous aurons aussi l'explication de la seconde ;
le point où l'une s'écarte de cet instinct vrai
est précisément le point d'où l'autre s'en écarte
aussi. Nous trouverons ce point; nous résou-
drons la contradiction ; nous comprendrons
Rousseau mieux qu'il ne s'est compris lui-même,
et nous le metrons en parfait accord et avec
lui-même et avec nous.

Par quoi Rousseau a-t-il pu être porté à ce
singulier principe, principe déjà soutenu par
d'autres avant lui, mais en général opposé à
l'opinion commune? L'avait-il déduit logique-
ment de quelque principe plus élevé? Non;
Rousseau n'a pénétré d'aucun côté jusqu'aux
principes de la connaissance humaine, il ne
parait pas même s'en être posé la question.
Ce qui est vrai pour lui se fonde immédiatement sur son sentiment; aussi ce qu'il sait a les
défauts de toutes les connaissances qui se basent
sur un sentiment non développé, c'est-à-dire
que ce qu'il sait est en partie *incertain*, puisqu'on ne peut jamais rendre un compte exact

de son sentiment, et en partie mélangé d'erreurs et de vérités, parce qu'un jugement qui part d'un sentiment non développé donne toujours comme équivalent ce qui ne l'est pas. Le *sentiment* ne se trompe jamais; mais le *jugement* se trompe en interprétant mal le sentiment, et en prenant un sentiment complexe pour un sentiment simple.

Rousseau est fort conséquent dans ce qu'il déduit des sentiments non développés, qu'il prend pour base de ses réflexions. Une fois arrivé dans la région du raisonnement, il est d'accord avec lui-même; aussi entraîne-t-il le lecteur qui peut penser avec lui. Si, une fois occupé à déduire, il avait pu se livrer à son sentiment, ce sentiment l'aurait ramené dans le droit chemin dont il l'avait d'abord écarté. Pour qu'il se trompât moins, Rousseau aurait dû être un penseur plus rigoureux ou moins rigoureux qu'il ne l'a été, et pour ne pas se laisser égarer par lui, il faut posséder un esprit très juste ou un esprit très faux; il faut être tout-à-fait penseur ou ne pas l'être du tout.

Éloigné du grand monde, conduit par la pureté de son sentiment et la vivacité de son imagination, Rousseau s'était représenté le monde, et en particulier le monde savant, dont les travaux l'occupaient principalement, tel

qu'il devrait être, tel qu'il serait nécessairement
s'il obéissait à ce sentiment commun. Il alla
dans le grand monde ; il porta ses regards
autour de lui ; et qu'éprouva-t-il quand il vit le
monde et les savants tels qu'ils étaient en réalité ? Il vit poussé à un épouvantable excès ce
que pouvait apercevoir partout quiconque
voulait se servir de ses yeux pour voir. — Il vit
des hommes, sans intelligence de leur haute dignité, courbés vers la terre, comme les animaux,
et se roulant dans la poussière ; il les vit faire
dépendre leur joie et leurs douleurs, leur sort
tout entier, de la satisfaction d'une basse sensualité dont les besoins croissaient et se dévelop-
paient à un degré effrayant ; il les vit, pour satisfaire cette basse sensualité, n'avoir égard ni
au juste ni à l'injuste, ni à ce qui est saint, ni
à ce qui est réprouvé, toujours prêts à sacrifier
l'humanité entière à leur premier caprice ; il les
vit enfin, après avoir perdu tout sentiment de
justice, faire consister la sagesse dans l'habileté
à atteindre ce qui est avantageux, et le devoir
dans la satisfaction des passions ; — il les vit
chercher leur grandeur dans cet abaissement
et leur honneur dans cette honte, et mépriser
quiconque n'était pas sage et vertueux à leur
manière ; — il vit ceux qui devaient être les
maîtres et les précepteurs de la nation, descen-

dus jusqu'à être les esclaves de sa corruption;
ceux qui auraient dû donner à l'époque le ton
de la sagesse et du sérieux, mettre leurs soins à
obéir au ton dominant, à la folie du moment,
au vice à la mode; — il les entendit se demander
dans leurs travaux, non pas : Ceci est-il vrai et
rend-il bon et noble? mais : Sera-t-on disposé à
l'entendre? non : Que gagnera à cela l'humanité?
mais : Que gagnerais-je à cela? combien d'ar-
gent? la faveur de quel prince? le sourire de
quelle belle femme?—il les vit s'honorer de pa-
reilles pensées; il les vit rire de pitié des imbé-
ciles qui ne comprenaient pas aussi bien qu'eux
l'esprit du temps; — il vit le talent, l'art et
la science s'unir pour exciter quelque fine jouissance dans des hommes usés par le plaisir, ou
se proposer l'abominable but d'excuser, de
justifier la corruption humaine, de la peindre
sous les traits de la vertu, d'arracher tout ce
qui pouvait encore être une digue à la dépravation; il vit, et il apprit par une amère expérience, que ces hommes indignes étaient des-
cendus si bas, qu'ils avaient perdu les dernières
étincelles de la croyance qu'il est une vérité, et
le dernier respect pour elle; il vit qu'ils étaient
devenus entièrement incapables de se laisser
convaincre par la raison; il les entendit répondre à ceux qui les rappelait encore avec force à

leurs devoirs : Allez, ce n'est pas vrai, nous ne voulons pas que ce soit vrai, car il n'y a là rien à gagner pour nous. Il vit tout cela, et son sentiment trompé se souleva. Il frappa son siècle avec colère dans un profond sentiment de mécontentement.

Ne lui reprochons pas ce sentiment de colère; il est le signe d'une belle âme. Celui qui sent le divin en lui-même élève souvent ses soupirs vers l'éternelle Providence : Voilà donc mes frères! Voilà donc les compagnons que tu m'as associés sur le chemin de cette vie terrestre! Oui, ils ont même figure que moi : mais nos esprits et nos cœurs ne sont pas les mêmes ; mes paroles sont pour eux des mots d'une langue étrangère, et les leurs sonnent incompris à mon oreille ; j'entends le bruit de leurs voix, mais il n'y a rien dans mon cœur qui puisse leur donner un sens. O éternelle Providence, pourquoi m'as-tu fait naître au milieu de semblables hommes? ou, puisque je devais naître au milieu d'eux, pourquoi m'as-tu donné ce sentiment et cet invincible désir de quelque chose de meilleur et de plus élevé? Pourquoi ne m'avoir pas fait semblable à eux? Pourquoi ne m'avoir pas fait homme inférieur comme ils sont? Alors j'aurais été heureux de vivre avec eux. —

C'est bien à vous de reprendre son humeur

et de blâmer son mécontentement, à vous pour
qui tout est bon. Vous avez beau lui vanter
ce contentement, que vous éprouvez en tout,
et cette égalité d'humeur avec laquelle vous
prenez les hommes tels qu'ils sont ; il serait aussi
satisfait que vous, s'il avait aussi peu de nobles
besoins. Vous ne pouvez pas vous élever à l'idée
d'un état meilleur, et pour vous tout ce qui est,
est assez bon.

Plein de cet amer sentiment, Rousseau était
incapable de voir autre chose que l'objet qui
l'avait produit. La sensualité dominait ; là était
la source de tout le mal; cette domination de la
sensualité, il voulut la faire disparaître, à quelque prix que ce fût. — Qu'y a-t-il d'étonnant
qu'il soit tombé dans l'autre extrême? — La
sensualité ne doit pas dominer, elle ne domine
sûrement pas quand elle est tuée, quand elle
n'existe pas, ou qu'elle n'est pas développée et
qu'elle n'a pas de force. — De là l'état de nature
de Rousseau.

Dans l'état de nature, les facultés de l'humanité ne sont pas formées, pas même indiquées.
L'homme ne doit avoir alors que les besoins de
sa nature animale; il doit vivre comme les bêtes,
à côté d'elles dans les prairies. — Il est vrai que
dans cet état ne se trouverait aucun des vices
qui révoltaient si fort le sentiment de Rousseau ;

l'homme mangera, quand il aura faim, boira quand il aura soif, ce qu'il trouvera sous sa main; et quand il sera rassasié, il n'aura aucun intérêt à dérober aux autres la nourriture dont il n'aura pas besoin. Quand il sera repu, chacun pourra tranquillement devant lui boire et manger, comme il l'entendra; il n'a besoin alors que de repos, et il n'a pas le temps de troubler les autres. Le vrai caractère de l'humanité se développe dans les précautions que prend l'homme pour l'avenir : c'est là la source de tous les vices; détournez la source, et il n'y aura plus de vice; et Rousseau la détournait par son état de nature.

Mais en même temps il est vrai que l'homme, aussi sûrement qu'il est un homme et non un animal, n'est pas destiné à rester dans cet état. Il fait, il est vrai, disparaître le vice, mais aussi avec lui la vertu, et surtout la raison. L'homme deviendrait un animal privé de raison; il y aurait une nouvelle espèce d'animaux : il n'y aurait plus d'hommes.

Sans doute Rousseau est conduit par un sentiment d'honneur; il soupire lui-même après cet état de nature qu'il recommande avec tant de chaleur, et ce désir se manifeste dans toutes ses actions. Nous pourrions lui adresser cette question : Que cherchait-il donc proprement dans cet état de nature? — Il sentait en lui une foule de besoins comprimés et non satisfaits, et (ce qui à la vérité est un fort petit mal pour un homme ordinaire, mais ce qui abreuvait d'amertume un homme tel que lui) il avait été lui-même si souvent entraîné par ces besoins loin du chemin de la probité et de la vertu! S'il vivait dans l'état de nature, pensait-il, il n'aurait pas eu tous ces besoins; et maintes douleurs éprouvées pour n'avoir pu les satisfaire, et maintes douleurs encore plus amères, pour les avoir satisfaits aux dépens de l'honneur, lui auraient été épargnées; il serait resté en repos *en face de lui-même.* — En plusieurs rencontres il fut repoussé par d'autres, parce qu'il se trouvait sur le chemin de la satisfaction de leurs besoins. L'humanité, pensait Rousseau, et nous partageons son avis, n'est pas méchante bénévolement et sans raison, quand rien ne la pousse au mal; aucun de ceux qui l'opprimaient ne l'aurait fait, s'il n'eût éprouvé ces besoins. Si autour de lui tout eût vécu dans l'état de nature, il serait resté en paix *avec les autres.* — Rousseau voulait donc vivre en paix et avec lui-même et avec le reste du monde.—Allons plus loin, et demandons-lui à quoi il voulait employer cette paix imperturbable; sans aucun doute à ce qui l'occupait dans les moments de paix dont il jouissait, c'est-à-dire à méditer sur sa destina-

tion et ses devoirs, pour ennoblir par là et lui-
même et ses frères. Mais comment aurait-il pu
le faire dans cet état de sauvagerie qu'il désirait?
Comment aurait-il pu le faire sans cette éducation préalable, qui n'est que le fruit de la culture?
Sans s'en apercevoir, il faisait sortir de cet état
de nature toute la société *par l'éducation, qui
ne peut s'obtenir qu'en s'élevant au-dessus de
cet état de nature;* il supposait sans s'en douter
qu'elle en était déjà sortie, et qu'elle avait par-
couru toute la route de la culture, et cependant elle n'avait pas dû, suivant lui, se développer. Nous sommes donc parvenu à saisir la
fausseté du raisonnement de Rousseau, et nous
pouvons aisément réfuter son paradoxe.

Ce n'était pas par rapport à la culture intel-
lectuelle, mais seulement pour délivrer les
hommes des besoins sensuels, qu'il voulait les
ramener à l'état de nature. Il est vrai que, à
mesure que l'homme approche davantage du
but de sa destination, il doit lui devenir toujours plus facile de satisfaire ses besoins physi-
ques; qu'il doit avoir moins de soucis et moins
de peines pour vivre; que la fertilité du sol
doit s'accroître, le climat s'adoucir, une foule
de découvertes et d'inventions faciliter et varier
son entretien; que, à mesure que la raison devient plus dominante, l'homme doit avoir tou-

jours moins de besoins; non comme il arriverait
dans l'état de nature, parce qu'il ne connaîtrait
pas la douceur de leur satisfaction, mais parce
qu'il peut se passer d'elle. Il sera toujours prêt
à jouir avec goût de ce qui est bon , s'il peut le
faire sans blesser ses devoirs, et à se passer de
tout ce qu'il ne peut posséder avec honneur.
On a une représentation idéale de cet état, qui,
sous ce point de vue, ne peut, comme tout
ce qui est idéal, se réaliser; c'est l'âge d'or
qu'ont chanté les anciens poëtes, et où l'homme
était heureux sans avoir besoin de travailler.
C'est devant nous que se trouve ce que Rousseau, sous le nom d'état de nature, et ces poëtes
sous le nom d'âge d'or, voulaient placer *der-*
rière nous. C'est là ce qu'on trouve souvent
chez les anciens, qui, pour le dire en passant,
peignaient ce que nous *devons être*, comme
quelque chose que nous avions déjà *été* , et ce
que nous devons atteindre, comme quelque
chose que nous avions déjà perdu , phénomène
qui a sa raison dans la nature humaine , et que
j'expliquerai un jour. Rousseau oublie que
l'humanité ne peut et ne doit s'avancer vers cet
état que par des soins, des peines et du travail.
La nature est sauvage et grossière sans la main
de l'homme; elle devait être ainsi pour que

l'homme fût forcé de sortir de l'oisif état de nature, de la travailler, et de se faire lui-même, d'un simple produit de la nature, un être raisonnable. Il sort de cet état, il arrache la pomme de la connaissance; car en lui est un instinct indestructible qui le pousse à devenir l'égal de Dieu. Le premier pas fait hors de cet état conduit à la douleur et à la peine; ses besoins sont développés, poignants, ils demandent à être satisfaits; mais de sa nature l'homme est lâche et paresseux comme la matière d'où il est sorti. Alors s'élève un rude combat entre le besoin et la mollesse; le premier est vainqueur, mais la dernière se plaint amèrement. Il travaille la terre à la sueur de son front, et il se désole de la voir encore produire des épines et de mauvaises herbes qu'il doit arracher. — Ce n'est pas le besoin qui est la source du vice, il est une excitation à l'activité et à la vertu; la mollesse est la source de tous les vices. *Jouir toujours, autant que possible, et faire toujours aussi peu que possible*, c'est là le désir de la nature pervertie, et les divers essais qu'elle fait pour l'accomplir sont les vices. Il n'est point de salut pour les hommes avant d'avoir vaincu cette mollesse, et d'avoir trouvé dans l'activité, et dans l'activité seule, sa joie et son bonheur.

C'est en cela que consiste la plus grande douleur que produit le sentiment du besoin : elle
doit nous porter à agir.

Voilà le but de toute douleur ; voilà particulièrement le but de cette douleur qui nous
remplit à la vue de l'imperfection, de la dépravation et de la misère de nos semblables. Celui
qui n'éprouve pas cette douleur et cet amer
mécontentement est un homme vulgaire ;
celui qui en est pénétré doit chercher à s'en
délivrer, pour employer ensuite dans sa sphère
toutes ses forces à améliorer autant qu'il peut
ce qui l'entoure. Et supposez que son travail ne
portât point de fruits, qu'il n'en vît pas l'utilité, cependant le sentiment de son activité, le
spectacle de ses forces, qu'il appelle au combat
contre la corruption générale, lui font oublier
sa douleur. — Ici se trompa Rousseau. Il avait
de l'énergie, mais plutôt l'énergie de la passi-
vité que celle de l'activité. Il sentait fortement
la misère de l'homme, mais il sentait beaucoup
moins la puissance qu'il aurait pu déployer
pour s'aider à sortir de cet état, et il jugeait les
autres tels qu'il se sentait ; et comme il était à
l'égard de sa douleur particulière, ainsi lui sem-
blait être l'humanité entière par rapport au mal
général. Il comptait le mal, mais il ne comptait

pas la force qui a été donnée à la race humaine
pour se tirer d'affaire.

Paix à ses cendres et bénédiction à sa mémoire. — Il a fait son œuvre ; il a enflammé
beaucoup d'âmes, qui ont poussé plus loin ce
qu'il commença ; mais il a produit cet effet,
presque sans avoir conscience de ce qu'il faisait.
Il travaillait sans en appeler d'autres au travail,
sans compter sur leurs actions contre la somme
du mal commun et la dépravation générale. Ce
manque d'effort pour agir domine dans tout
son système. Il est l'homme de la sensibilité
souffrante ; et non en même temps de la résis-
tance active contre son impression. — Ses par-
tisans, égarés par la passion, *sont* vertueux ;
mais ils *le sont* seulement et sans que nous
puissions bien voir *comment* ils le sont. Il ne
montre pas à nos yeux le combat de la raison
contre sa passion, la victoire remportée lente-
ment par le travail, la peine et la rigueur ; spectacle le plus intéressant et le plus instructif
dont nous puissions être témoins. Son élève se
développe de lui-même ; son guide ne fait qu'é-
carter de lui les obstacles, laissant d'ailleurs
agir la bonne nature : mais elle le tiendra
toujours sous sa tutelle, car il ne lui a pas
donné la force, l'ardeur, la ferme résolution de

la combattre et de la vaincre. L'élève sera bon
au milieu d'hommes bons ; mais au milieu des
méchants, — et où le plus grand nombre ne se
compose-t-il pas de méchants ! — il souffrira
d'une manière indicible. — Ainsi Rousseau
peint la raison *en repos*, mais non *en combat* ;
il *affaiblit la sensibilité* au lieu de *fortifier la raison.*

J'ai entrepris cet examen pour réfuter ce cé-
lèbre paradoxe, qui est précisément opposé à
notre principe. Mais ce n'est pas tout ; je voulais encore vous montrer par l'exemple d'un
des plus grands hommes de notre époque, ce
que vous ne devez pas être ; je voulais, par son
exemple, vous développer une doctrine vraie
pour toute votre vie. — Apprenez maintenant
par des recherches philosophiques comment
doivent être les hommes avec lesquels des rapports trop étroits et insolubles ne vous lient
pas encore. Mais vous entrerez avec eux dans
ces rapports étroits, et vous les trouverez tout
autres que votre morale ne voudrait les avoir.
Plus vous serez nobles et bons, plus doulou-
reuse sera l'expérience que vous en ferez ; mais
ne vous laissez pas vaincre par cette douleur ;
triomphez-en par vos actions. Elle entre en li-
gne de compte ; elle est entrée à dessein dans le
plan de l'amélioration du genre humain. C'est
faiblesse que de se lamenter sur la corruption

des hommes sans tendre la main pour la vaincre. C'est de l'égoïsme que de gourmander et d'insulter amèrement les hommes, sans leur dire comment ils doivent s'améliorer. Agir, agir, voilà pourquoi nous sommes ici bas. Voudrions-nous donc nous fâcher de ce que d'autres ne sont pas aussi parfaits que nous? N'est-ce pas là précisément ce qui fait notre plus grande perfection, notre vocation, que d'être destinés à travailler au perfectionnement des autres? Réjouissons-nous à la vue du vaste champ que nous avons à cultiver! Réjouissons nous en sentant en nous puissance, et en voyant que notre tâche est infinie!

TABLE DES LEÇONS.